부린이 탈출을 위한
부동산 투자 입문서

부린이 탈출을 위한

부동산

투자입문서

이준희(성공마인드), 김도형(또바기), 고경민(토지대장)
신찬용(C드래곤), 강운영(땡이), 강준영(강장군) 지음

매일경제신문사

부동산 투자,
지금 당장 시작하자!

재테크는 선택이 아니라 필수인 시대가 됐다. 앞으로는 더 심하게 빈부격차가 커질 것이다. 재테크를 하려고 해도 너무 많은 정보와 거짓된 선동으로 올바른 공부와 제대로 된 방향을 잡기가 힘들다. 그리고 부동산 투자라고 하면 큰돈이 필요하다거나 소수의 특권층만 할 수 있다는 편견이 크다. 재테크는 시간 싸움이니 한시라도 빨리 시작하길 바란다. 돈을 모아서 시작하는 것이 아니라 소액으로라도 빨리 시작하는 게 유리하다. 이 책은 이러한 관점에서 6명의 실전 전문가들이 모여 부동산 투자법의 올바른 방향을 6개의 Part로 구성했다.

부동산 재테크를 하기 위해서는 우선 부자 마인드를 가지는 게 중요하다. 이에 따라 Part 1에서는 재테크란 무엇인지 기본 정의부터 시작해서 재테크를 왜 해야 하는지를 차근차근 설명했다. 돈을 버는 이유는 자신의 능력을 증명하고, 자신과 사랑하는 가족들에게 행복을 안겨주기 위한 것이다. '레버리지'를 활용해 적극적으로 투자하고, 재테크 공부를 꾸준히 해야 한다. 그 재테크의 시작으로 부동산 재테크는 내 집 마련을 위한 첫걸음이자 재테크로 좋은 방법이 될 수 있다. 부동산 재테크 공부를 하는 사이트는 유튜브, 블로그, 카페 등 다양한 채널이 있지만, 네이버로 '캠부스 부동산 스쿨'을 검색하면, 부동산 공부 및 다양한 재테크 방법을 배울 수 있다.

Part 2에서는 부동산 재테크에 필요한 손품, 즉 빅데이터 활용 및 유용한 어플과 사이트 사용법에 관해 소개했다. 부동산 초보자를 위해 최대한 상세하게 다양한 어플과 사이트를 소개했으며, 그중에서도 부동산지인, 아실 사이트를 활용해 지역 선정 및 분석, 물건 선정 등 현명한 부동산 투자 방법을 집중해서 설명했다. 부동산의 역사는 반복된다. 따라서 다양한 빅데이터 자료를 활용해 차트 등 과거의 흐름을 꼼꼼하게 분석한 뒤 투자해야 한다. 하지만 이 과정에서도 자료를 맹신하기보다는 경험하고, 꾸준히 하는 것이 핵심이라는 것을 잊지 말아야 한다.

Part 3에서는 본격적으로 실전 투자로 들어가서 투자 유망 지역 찾는 법을 알아본다. 먼저 부동산을 제대로 이해하려면 사회적 현상을 들여다보고, 사람들의 심리를 파악해야 하기에 도시를 이해하는 장을 마련했다. 또한, 각종 빅데이터를 활용해 입지를 분석하고, 개발호재를 살펴봤다. 경제의 기본 원리인 수요, 공급, 가격을 통해 부동산 시장의 흐름을 파악하고, 투자 유망 지역의 투자 타이밍을 1급지에서 5급지까지, 총 4차로 나누어 설명했다. 투자 타이밍을 알고, 급지별 가격 상승 순서를 파악해야 투자의 리스크를 줄일 수 있기 때문이다.

Part 4에서는 내 집 마련을 위한 분양권과 청약 투자를 소개한다. 우선 분양권에서는 분양권 수익구조와 프리미엄, 분양권 투자의 장단점, 분양권 투자 성공 시나리오를 구체적으로 살펴보며, 분양권을 낱낱이 파헤친다. 또한, 청약에서는 청약 방법, 청약 조건과 가점, 청약 당첨전략 등을 들여다본다. 내 집 마련을 위한 방법은 다양하다. 부동산 투자에 있어서 '꼭 이래야 한다'라는 고집을 내려놓고, 부동산 경기를 살펴보면서 현재 상황에 맞춰 청약, 분양권 투자, 매매 등 다양한 루트를 모색해보자.

Part 5에서는 초보자도 투자할 수 있는 재개발·재건축을 살펴본다. 재개발·재건축 투자라고 하면, 부동산 고수나 하는 거라고 오해할 수 있다. 하지만 꾸준히 공부하고 투자한다면 좋은 성과를 얻을 수 있고, 도심 한복판에 건축되는 신축 아파트, 무엇보다 돈이 되는 재개발·재건축 투자의 매력은 알 만한 사람들은 이미 다 알고 있다. 따라서 여기서는 재개발·재건축 투자를 왜 해야 하는지를 알아보고, 재개발·재건축 정보는 어디서 얻는지를 찾아본다. 또한, 재개발·재건축 사업 단계를 세부적으로 살펴본다.

마지막으로 Part 6에서는 부동산의 근간이 되는 토지 투자를 소개한다. 부동산을 볼 때는 우선 땅부터 제대로 살펴보고, 토지 종류와 토지 가치를 정확하게 파악해야 한다. 여기서는 초보자들이 토지 투자에 쉽게 접근할 수 있도록 토지를 살 때 필요한 기본 서류를 확인하는 법을 알려주고, 좋은 땅과 안 좋은 땅은 무엇인지 구체적으로 알아본다. 또한, 토지 투자 성공 사례와 실패 사례를 살펴보며, 성공적으로 토지 투자를 하기 위해서는 어떻게 해야 하는지 그 방안을 모색한다.

　많은 사람이 현재 기준에서 "옛날에 우리 부모님이 강남에 땅을 샀어야 하는데…"라고 자조 섞인 농담을 하거나, "지금 알고 있는 것을 그때 알았더라면 아파트를 한 채 샀어야 했다"라는 말들을 한다. 하지만, 지금이라도 늦지 않았다. 부자들은 지금도 남보다 열심히 돈을 모으고, 재테크를 끊임없이 공부하며, 직접 투자한다. 준비된 사람만이 기회와 행운을 내 것으로 만들 수 있다. 이 책이 그 준비의 기초가 될 수 있기를 소망한다. 부동산 투자는 하고 싶은데, 무엇을 해야 할지 고민되는 초보 투자자라면 이 책을 읽는 것부터 시작하자.

저자 일동

차 례

Part 01 부동산 재테크 및 부자 마인드

Part 02 빅데이터 활용 및 유용한 어플, 사이트 사용법

PART **01**

부동산 재테크 및
부자 마인드

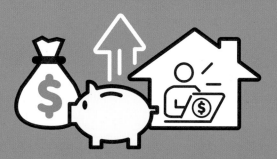

01
재테크란 무엇인가?

재테크(Financial technology)란 보유한 자금을 효율적으로 운용하며, 최대 이익을 창출하는 방법을 의미한다. 한자의 재무(財務)와 영어 테크놀로지(Technology)의 합성어인 '재무 테크놀로지'를 줄여 만든 말이다. 재테크는 본래 기업에서 사용하던 용어인데, IMF 외환위기 이후 경제용어로 사용되다가 일반 사회에도 통용됐다. 재테크는 쉽게 말해 '돈을 어떻게 잘 벌 것인가?'에 대한 방법이다.

자료 1-1은 이러한 재테크의 3원칙을 정리한 것으로, 수익성, 안전성, 환금성(유동성) 측면으로 나뉜다. 첫째, 수익성은 투자 대상이 얼마나 많은 이익을 가져다줄 수 있는지를 살펴보는 것이다. 둘째, 안전성은 얼마나 안전한지, 원금이나 이자를 잃을 염려가 없는지 체크해야 한다. 투자 원금이 손실될 가능성이 큰 투자는 바람직한 투자가 아니다. 잃지 않는 투자는 재테크의 기본이다. 셋째, 환금성(유동성)은 필요시에는 언제든 쉽게 현금화할 수 있는 투자 대상을 찾아야 한다. 이 재테크의 3원칙을 잘 활용해야 소중한 내 자산을 잃지 않을 수 있다.

자료 1-1. 재테크의 3원칙

3원칙	내용
수익성	☑ 얼마큼의 이익이 나는가? ☑ 보다 나은 미래의 소득을 얻기 위한 것 ▶ 투자 대상이 얼마나 많은 이익을 가져다줄 수 있는가 하는 점은 재테크의 출발점
안전성	☑ 얼마나 안전한가? ☑ 원금이나 이자를 떼일 염려는 없는가? ▶ 투자 원금이 손실될 가능성이 큰 투자는 바람직한 투자가 아니다. ※ 잃지 않는 투자가 기본
환금성 (유동성)	☑ 필요시에는 언제든지 쉽게 현금화할 수 있는 투자 대상을 찾아야 한다.

재테크의 종류는 부동산, 주식, 비트코인, 금, 예술품 등 너무나도 다양하다. 자료 1-2는 이러한 재테크 종류를 항목별로 구분하고, 별표는 수익성, 안전성, 환금성, 대중성 측면에서 상중하로 좋고 나쁨을 표시한 것이다. 별 3개는 상, 2개는 중, 1개는 하로 체크했다.

부동산은 아파트, 건물, 토지 등에 투자하는 재테크로, 수익성은 현시점에서는 좋은 상태다. 부동산 하락기에는 다소 수익성이 떨어질 수 있지만, 부동산의 역사를 돌이켜 보면 장기적으로 우상향하는 패턴을 그려왔기 때문에 수익성은 별 3개다. 안전성도 지

자료 1-2. 재테크 종류

	항목	수익성	안전성	환금성	대중성
부동산	아파트, 건물, 토지	★★★	★★	★	★★★
금융	예금	★	★★★	★★★	★★★
	주식	★★	★★	★★★	★★★
	펀드, 채권, 선물, 옵션	★★	★	★	★
암호화폐	비트코인	★★	★	★★★	★★
현물	귀금속 (금, 은 등)	★★	★★	★★★	★
유가물	예술품, 골동품 우표, 화폐	★★	★★	★	★
도박	복권, 경마, 슬롯머신	★★	★	-	✕(사행성 분류)

1. 상 : ★★★ 2. 중 : ★★ 3. 하 : ★

진, 태풍 등의 천재지변이나 IMF 같은 경제 위기가 일어나지 않는 이상 괜찮은 재테크 방법이다. 하지만 부동산은 쉽게 사고팔 수 있는 자산이 아니므로 환금성이 좋지 않다. 대중성은 실수요자도, 투자자도 접근할 수 있으므로 많은 사람들이 투자하는 재테크이기에 별 3개다.

금융은 예금, 주식, 펀드 채권, 선물, 옵션 등에 투자하는 재테크 방법이다. 예금은 금리가 1%대로 수익성이 좋지 않지만, 예금이 보호되는 5,000만 원 범위 내에서는 안전하다. 주식은 안전을 선호하는 투자자의 경우 꺼려 할 수 있지만, 예금보다 수익성이 높고, 최근 들어서는 남녀노소 다양한 사람들이 투자하는 재테크로 대중성도 많이 확보하고 있다.

비트코인으로 대표되는 암호화폐도 재테크 방법으로 20~30대젊은 층들에게 인기다. 또한 현물(금), 유가물(예술품) 등도 재테크로 선호하고 있다. 도박이 재테크냐고 다소 의아해할 수 있지만, 복권 등이나 경마 등도 자산을 늘리는 한 방법이어서 재테크로 분류할 수 있다. 이 중 예술품에 투자하는 재테크를 살펴볼 필요가 있는데, '아트테크 붐'이라고 할 정도로 김선우, 우국원 같은 작가들의 작품은 일찍 구매할수록 '잭팟' 수익률을 내고 있다. 500만 원에 구매한 작품이 2년 만에 1억 1,500만 원에 낙찰되는 등 응찰 경쟁도 치열하다. 재테크의 종류는 이렇듯 다양하지만, 중요한 것은 자신에게 맞는 재테크 방법을 찾아 공부하고, 실전 투자하면 된다.

이러한 재테크를 잘하기 위해서는 기본적으로 수요와 공급의 법칙이라는 경제 용어를 우선 짚고 넘어가야 한다.

자료 1-3. 수요와 공급의 법칙

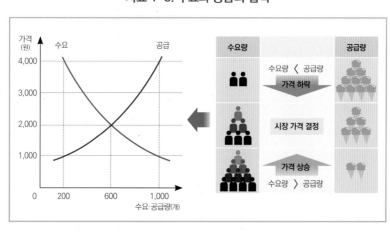

부린이 탈출을 위한 **부동산 투자 입문서**

가격은 수요와 공급에 의해 결정된다는 말을 들어봤을 것이다. 수요량보다 공급량이 많으면 가격은 하락하고, 수요량보다 공급량이 적으면 가격은 상승한다. 자료 1-3을 보면 사람은 2명인데, 아이스크림이 10개라면 결국 수요량보다 공급량 초과로 가격은 하락한다. 반대로 사람은 10명인데, 아이스크림이 2개라면 공급량보다 수요량이 초과되어 가격이 상승한다. 이렇듯 시장의 가격은 수요와 공급에 의해 결정되고, 시장 경제에서 수요와 공급을 조절하는 보이지 않는 손의 역할을 한다. 이러한 기본 원리를 안다면, 수요와 공급을 적절히 파악해 나의 소중한 자산을 매수하고, 매도하는 기준점으로 삼을 수 있을 것이다.

자료 1-4. 반복 사이클

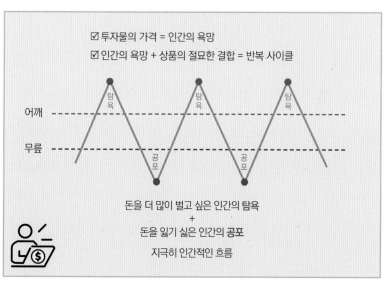

☑ 투자물의 가격 = 인간의 욕망
☑ 인간의 욕망 + 상품의 절묘한 결합 = 반복 사이클

어깨
무릎

탐욕 탐욕 탐욕
공포 공포

돈을 더 많이 벌고 싶은 인간의 **탐욕**
+
돈을 잃기 싫은 인간의 **공포**
지극히 인간적인 흐름

또한, 가격은 인간의 탐욕과 공포를 반영해 반복 사이클을 그리게 된다. 앞의 자료 1-4를 보면, 돈을 더 많이 벌고 싶은 인간의 탐욕과 상품이 절묘하게 결합하게 되면 가격이 치솟고, 돈을 잃기 싫은 인간의 공포와 상품이 결합하면 가격은 하락한다. 가격의 사이클은 이렇게 지극히 인간적인 흐름으로 반복된다. 따라서 가격의 오르고 내림에 너무 공포를 느낄 필요는 없다.

이렇듯 우리는 어떤 원리로 경제가 돌아가는지 학습해야 소중한 돈을 잃지 않고, 어떠한 방법으로 투자할 수 있을지 판단할 수 있다. 경제 용어를 학습하고 공부해야 하는 당위성이 여기에 있고, 이것이 부자로 가는 첫걸음이다.

02
재테크를 왜 해야 하나?

재테크를 하는 데 있어서 명확한 목표 설정과 올바른 마인드는 기본이다. 우리가 재테크를 하는 이유는 경제적, 시간적, 관계적 자유를 위해서다. 돈을 버는 이유는 자신의 능력을 증명하고, 그 결과로 자기 자신과 사랑하는 가족들에게 행복을 안겨주기 위한 것이다.

자료 1-5. 재테크로 돈을 버는 이유

구분	내용
경제적 자유	☑ 내가 하고 싶은 것을 한다. ☑ 악의 목적이 아닌, 선의 목적, 무엇이든 할 수 있다.
시간적 자유	☑ 내가 일하고 싶을 때 일한다. ☑ 놀고 싶을 때 논다.
관계적 자유	☑ 만나고 싶지 않은 사람을 억지로 만나지 않아도 된다. ☑ 경제적으로 여유로워지면 관계에서도 자유로워질 수 있다.

우선 경제적 자유는 내가 하고 싶을 것을 하는 자유, 무엇이든 할 수 있는 자유다. 자본주의 사회에서 경제적 자유는 중요하고, 우리는 이를 위해 재테크를 반드시 해야 한다. 시간적 자유는 내가 일하고 싶을 때 일하고, 놀고 싶을 때 놀 수 있는 자유다. 대부분의 직장인은 출퇴근을 하며 하루 종일 회사에 묶여 있다. 시간적 자유는 재테크를 어떻게 하느냐에 따라 충분히 앞당길 수 있다. 관계적 자유는 만나고 싶지 않은 사람을 억지로 만나지 않아도 되는 자유다. 사람이 경제적으로 여유로워지면 관계에서도 자유로워질 수 있다.

자료 1-6. 사회계층 구조

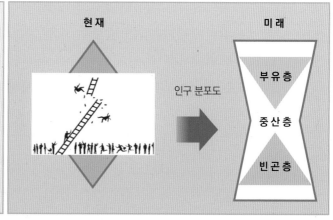

안정적인 사회계층 구조는 자료 1-6에서 보듯 부유층, 중산층, 빈곤층이 골고루 있는 마름모꼴 형태다. 하지만 우리 사회는 중산층이 부유층으로 올라가지 못하고 있고, 부자는 더욱 부유해지고

가난한 사람들은 더 가난해지는 모래시계 형태로 가고 있다. '나는 중산층이야' 하면서 재테크에 아무런 노력을 기울이지 않는다면, 결국 가난해질 수밖에 없는 사회 구조인 것이다.

자료 1-7. 기대수명 추이

(단위 : 세)

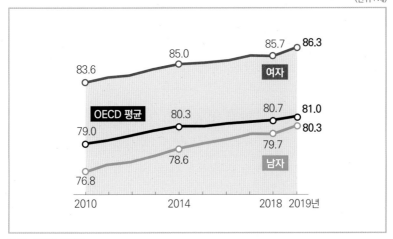

출처 : 통계청·OECD

보건복지가 발표한 〈OECD 보건통계로 보는 우리나라의 보건의료〉에 따르면, 우리나라 국민의 기대수명은 2019년 기준 83.3세로, OECD 평균(81.0세)보다 2.3년 더 길었다. 10년 전과 비교하면 3.3년 늘어났다. 특히 자료 1-7을 보면, 남성의 기대수명은 80.3세로 처음으로 80세를 넘은 것을 볼 수 있다. 여성은 86.3세였다.

이렇듯 우리 사회가 노령화 사회로 진입하면서 국민연금, 기초연금 등 고령층 연금 급여를 위한 지출이 늘어나 국가의 재정 부담이 증가하고 있다. 국회 예산정책처의 2021년 '내국인 인구 시범 추계' 자료에 따르면, 베이비붐 세대가 연금을 받는 2040년경에는 만 15~64세 생산가능인구 100명당 부양해야 하는 65세 이상 인구가 64.9명이라고 한다. 2020년의 22.3과 비교하면 20년 뒤에는 노년층 부양 부담이 2.9배 늘어나는 것이다.

우리가 부자가 되어야 하는 이유는 이러한 상황적인 배경 외에도 부자가 될 결심을 하지 않을 경우 가난해질 가능성이 커지기 때문이다. 성공적인 투자를 위해서는 자신에게 가장 잘 맞는 방식과 도구, 즉 자신에게 맞는 재테크 방법을 찾아야 한다. 책만 보고 골프를 배울 순 없듯이 교과서나 경영대학원을 통해서 투자를 배울 순 없다. 실제 경험만이 강력한 학습 도구다. 실전을 통해 본능적인 감각을 키워야 한다. 소액으로라도 반드시 투자하고, 전문가에게 물어보고 경험을 가져라. 그래야 실력이 늘어난다.

자료 1-8은 투자자를 3부류로 나눈 것이다.

자료 1-8. 투자자의 3부류

비투자자	소극적 투자자	적극적 투자자
투자를 전혀 하지 않음	잃지 않기 위해 투자하는 사람	이기기 위해 투자하는 사람
일을 그만두면 정부가 나를 돌봐줄 거라고 기대한다.	안전하다고 생각하는 것에만 투자한다. 예) 저축 마인드 투자	더 많이 공부하고 더 높은 수익을 얻기 위해 투자한다.

비투자자는 사실상 빈곤층이라고 할 수 있다. 투자를 전혀 하지 않으면서 일을 안 해도 정부가 나를 돌봐줄 거라고 기대한다. 소극적 투자자는 안전하다고 생각되는 것들에만 투자하는 사람이다. 예를 들어, 저축하고 예금하는 마인드를 가진 사람들이다. 적극적 투자자는 이기기 위해 투자하는 사람이고, 더 많이 공부하고 더 높은 수익을 얻기 위해 투자하는 사람이다. 창의적이고 혁신적인 사람만이 더 큰 기회를 잡을 수 있다. 우리는 적극적인 투자자가 되어야 한다.

자료 1-9. 이기는 투자의 원칙

구분	소극적 투자자	적극적 투자자
차이점	'돈'을 투자	☑ '시간'을 투자 ☑ 금전적 풍요 ☑ 삶의 즐거움 ☑ 자가 통제력 필요

적극적인 투자자로서 이기기 위한 투자를 하려면, '레버리지'라는 도구를 사용해야 한다. 소극적 투자자와 적극적 투자자의 차이점은 소극적 투자자는 돈만 투자하지만, 적극적인 투자자는 시간을 투자하고, 돈을 투자한다. 금전적으로도 풍요롭고, 삶의 즐거움을 누리면서 스스로를 통제할 줄 아는 사람이다.

자료 1-10. 현금 흐름 사분면

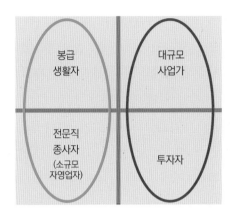

부자가 되기 위해서는 봉급 생활자, 전문직 종사자에서 대규모 사업가, 투자자로 나아가야 한다. 그래야 빨리 부를 창출할 수 있다. 투자를 반드시 해야 소중한 자산을 빨리 늘릴 수 있다. 1년 수입이 1억 원인 부동산 임대를 하는 사람, 회사원(전문직종 포함), 레스토랑 경영자가 있다고 하자. 이 중에서 누가 제일 돈을 많이 벌까? 그 순서는 부동산 임대인 > 레스토랑 경영자 > 회사원(전문직종 포함)순이다.

회사원은 추가적인 자산이 형성되기 힘들다. 몸이 안 좋아서 회사를 관두게 되면 고정급여가 없어지거나 회사가 없어지면 수입이 제로가 될 수밖에 없다. 잘되는 레스토랑을 운영하는 사람은 나중에 무슨 일이 생겨서 팔게 된다면 상가의 권리금을 받을 수 있다. 부동산 임대를 하면 내가 일을 하지 않아도, 돈이 계속해서 들어오는 수익 구조를 만들 수 있다. 따라서 부동산 임대를 하는 사람이 돈을 제일 많이 벌 수밖에 없다. 우리는 어떻게든 빨리 투자가가 되어야 한다. 부자 마인드를 가져야 한다.

회사원은 개인의 시간이 곧 돈(급여)이다. 지금의 수입이 영원할 것 같지만, 준비하지 않으면 노후를 대비하기 어렵다. 월세나 시세차익 등 매달 만들어내는 수입을 가질 수 있도록 투자하고, 준비해야 한다. 진짜 수입은 나의 시드머니(자본)가 스스로 증가하는 구조로 만들어야 한다. 천천히 부자가 되는 과정에서 당신의 소득을 앗아갈 수 있는 '소득 킬러'들은 모두 당신이 통제할 수 없다. 시장의 변화, 정리 해고, 건강 이상은 언제든 나에게 다가올 수 있다.

부동산 부자 중에는 현명한 채무자들이 많다. 레버리지를 활용해 현명하게 대출하는 방법을 배워야 한다. 90/10 법칙에 따르면, 10%의 채무자는 대출을 이용해 더 부자가 되고, 90%의 채무자는 대출 때문에 더 가난해진다. 우리는 부자가 되는 10%의 채무자가 되어야 한다. 금융 IQ가 높은 적극적인 투자자는 대출(빚)을 레버리지로 이용하는 법을 잘 안다. 재테크 마인드는 가장 중요한 레버리지다.

원시시대부터 불과 창은 인간에게 가혹한 환경을 극복할 도구로, 최초의 레버리지였다. 지금 당장 돈이 없을 수도 있고, 여건이 좋지 않을 수도 있다. 완벽하게 좋은 상황은 없다. 아이디어를 만들고 더 나은 미래를 위해 준비해야 한다. 어떤 상황에서도 기회를 찾을 수 있는 능력이 레버리지다.

재테크 시장(부동산/주식)이 침체기라도 항상 시장에 남아서 기회를 엿봐야 한다. 정책이 바뀌고 완화될 때 좀 더 유리한 조건을 파악하고, 레버리지를 활용해서 투자 기회를 잡아야 한다. 예를 들어 2008년, 2014년엔 미분양이 많았던 시기다. 이 시기에 투자를 했다면 추후 부동산 상승기를 통해 많은 부를 창출했을 것이다. 남들이 두려워할 때 기회를 잡아야 하고, 어떤 상황에서도 레버리지를 활용해 기회를 찾을 수 있어야 한다.

자료 1-11. 돈을 잃는 이유

구분	비투자자	소극적 투자자	적극적 투자자
시간	투자하지 않음	투자하지 않음	투자함
돈	투자하지 않음	투자함	투자함
금융 지식	없음	없음	있음

자료 1-11을 보면, 시간은 곧 재테크 공부를 의미한다. 소극적 투자자와 적극적 투자자의 차이는 시간의 투자 유무, 금융 지식의 유무로 갈린다. 대부분의 사람은 재테크를 공부하는 시간에 많이 투자하지 않는다. 그렇게 되면 화폐 가치의 하락으로도 돈을 잃게 되고, 정리 해고나 회사의 폐업, 사업 실패 등 여러 상황적인 이유로 수입이 더는 들어오지 않아 가난해질 수밖에 없다.

한편 소극적 투자자는 '난 그 일을 할 수 없어', '그건 너무 위험해', '내겐 그럴 만한 여력이 없어' 등 부정적 사고를 한다. 반면 적극적 투자자는 '어떻게 하면 그 일을 해낼 수 있을까?', '어떻게 하면 위험을 줄일 수 있을까?', '어떻게 하면 그럴 만한 여력을 갖출 수 있을까?'를 고민하며 긍정적 사고를 한다. 주변을 돌아보면 대체로 부자는 더 부자가 된다. 자본이 넉넉하면 투자가 더 쉽기 때문이다. 실수하고 돈을 잃는다고 해도 결국에는 돈을 벌 확률이 높다. 실패 경험을 살려서 투자를 더 적극적으로 진행하기 때문이다. 스스로 금융 지식을 충분히 습득하고, 자기 자신을 보강해야 한다. 재테크에 있어서 가장 큰 위험은 금융 지식이 없는 것이다. 금융 지식이 없거나 지식을 활용하지 않고 사장시켜 버리는 것이다. 에이브러햄 링컨(Abraham Lincoln)은 "나는 대부분의 사람이 어제보다 오늘 좀 더 현명할 거라고 생각한다"라고 말했다. 1등이 아니면 살아남을 수 없다. 가장 큰 위험은 준비 부족이다. 사람들은 돈은 얼마든지 투자하려고 하지만, 시간은 투자하지 않는다. 하지만 부자는 시간을 먼저 투자하고, 그리고 돈을 투자한다. 우리는 이러한 부자의 마인드를 가져야 한다. 인생에서 무엇을 얻는가는 나 자신에게 달려 있다. 무언가를 원하기만 하면서 아무것도 하지 않는 것은 스스로를 기만하는 것이다.

우리가 부자가 되지 못하는 10가지 이유는 다음과 같다.

자료 1-12. 부자가 되지 못하는 10가지 이유

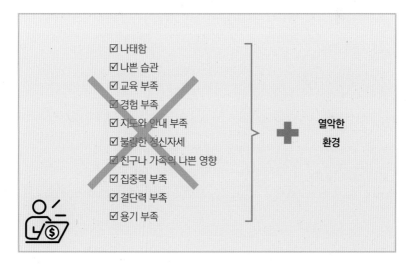

부자가 되지 못하는 사람들은 나태하고, 나쁜 습관이 있으며, 교육을 받지 못했고, 경험이 부족한 경우가 많다. 누군가가 지도해주지도, 안내해주지도 않으며, 정신 자세 또한 불량한 경우도 많다. 주변의 친구나 가족의 나쁜 영향을 받았거나 스스로 집중력이 부족하고, 결단력이 없으며, 용기를 내지 못한다. 이러한 상태에서 열악한 환경이 더해지며 부자가 되지 못하는 것이다. 성공적인 삶을 추구하는 데 있어서 환경은 아주 중요한 요소다. 우리는 부자가 되기 위해 자료 1-13과 같이 노력할 수 있다. 즉 도서관이나 서점, 학교 등을 찾아서 지식을 증진시키고, 운동을 통해 건강을 증진한다. 또한, 더 큰 부를 추구하기 위해 투자 모임에 나가보거나 금융 교육을 위한 스터디그룹을 만들어 부를 추구하는 다양한 사람들을 만나는 것도 열악한 환경을 개선하기 위한 방법이다.

자료 1-13. 환경 개선을 위한 방법

구분	내용
☑ 지식을 증진한다.	· 도서관이나 서점, 학교를 찾는다.
☑ 건강을 증진한다.	· 자전거를 타거나 헬스 등 더 많은 스포츠 활동을 한다.
☑ 영적 깊이를 추구한다.	· 종교 집회에 참여하거나 조용한 곳을 찾는다. · 명상이나 기도를 한다.
☑ 더 큰 부를 추구한다.	· 사람들이 더 큰 부자가 되기 위해 모이는 곳에 간다. · 부동산 사무실, 증권거래소 등에 관심을 두고 가본다. · 투자 모임에 나가보거나, 금융 교육을 위한 스터디 그룹을 만들어 더 큰 부를 추구하는 사람들을 만나본다.
☑ 자신의 세계를 확장한다.	· 이전에는 가본 적 없는 장소를 가본다. · 두려워서 한 번도 실행하지 못한 일들을 해본다.

우리는 코로나19 시대를 살면서 이전과는 전혀 다른 경험을 하고 있다. 재테크를 하기 위해서는 시대적인 흐름도 파악할 필요가 있어서 여러 가지 용어들을 살펴보려고 한다. 신문이나 뉴스를 통해 '양적 완화'를 시행한다는 이야기를 많이 들어봤을 것이다. 양적 완화란 중앙은행의 정책으로 금리 인하를 통한 경기 부양 효과가 한계에 봉착했을 때 중앙은행이 국채매입 등을 통해 유동성을 시중에 직접 푸는 정책이다. 직접적인 방법으로 통화량 자체를 늘리는 것을 말한다. 현재 시장은 돈이 엄청나게 풀려 있는 상태다. 그 시장을 이끌어가는 것은 통화의 유동성이다.

다음의 자료 1-14는 통화 유동성 지표를 나타낸 것으로, 본원통화(M0)는 한국은행에서 발행해 시중에 공급하고, 일부는 회수해 보관한다. 개인의 지갑에 있거나 은행 금고에 있는 돈이다. 이 본원통화를 제외한 모든 통화는 파생통화인데, 파생통화의 현금화가 얼마나 쉬운지를 기준으로 협의통화(M1), 광의통화(M2), 금융기관 유동성(Lf), 광의 유동성(L)으로 나뉜다.

흔히 유동성이 풀렸다고 말할 때 살펴보는 기준은 협의통화와 광의통화다. 협의통화(M1)는 시중에 풀린 현금 유동성으로 쉽게 말해 현금과 수시 입출금할 수 있는 예금이다. 광의통화(M2)는 넓은 의미의 통화로, 협의통화(M1)를 포함하면서 적금 및 (2년 미만의) 예금이라고 볼 수 있다. 한국은행은 매월 광의통화량을 측정해 경제성장률, 물가, 금리 등을 감안해 통화량을 늘리거나 줄인다. 또한, 인플레이션을 예측하는 데 사용되는 핵심 경제지표다. M1, M2 비율이 높다면 즉시 투입될 수 있는 유동성이 시중에 많다는 의미가 된다. M2 대비 M1 통화의 비율이 높을 경우 시장의 유동성은 넘치게 되고, 부동산을 비롯한 실물 자산의 거품을 만들 수 있다. 최근에는 M1, M2 비율이 역대 최고치를 기록하고 있는데, 영끌과 빚투 열풍이 불면서 부동산과 주식 등에 투자하기 위한 자금을 현금화가 가능한 통장에 넣어두는 수요가 크기 때문이라고 이해할 수 있다.

자료 1-14. 통화 유동성 지표

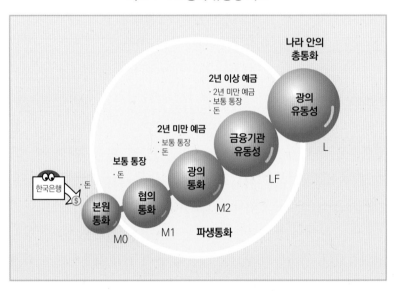

통화 유동성 지표는 한국은행 경제통계시스템에서 확인할 수 있다. 자료 1-15를 보면, 통계검색-복수통계검색-통화 및 유동성 지표-주요 통화금융지표에 들어가서 M1과 M2를 체크하고, 조회하면 살펴볼 수 있다.

자료 1-15. 통화 유동성 지표 조회하기

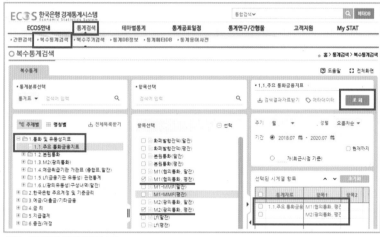

출처 : 한국은행 경제통계시스템

자료 1-16. 통화 유동성 지표 그래프

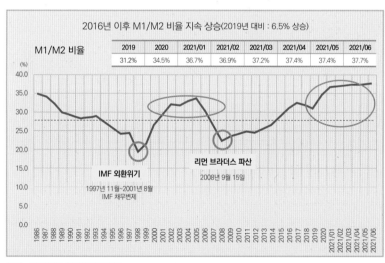

출처 : 한국은행 경제통계시스템

앞의 자료 1-16의 그래프를 보면, 통화 유동성의 흐름을 볼 수 있는데, 1997년의 IMF 위기 때와 2008년의 리먼 브라더스 사태 시기에 통화 유동성이 줄었던 것을 볼 수 있다. 그러다가 양적 완화로 통화 유동성이 증가해 2021년에는 2019년(31.2%) 대비 6.5% 상승한 37.7%로 M1/M2 비율이 지속적으로 상승했음을 볼 수 있다.

그뿐만 아니라 시중 부동자금, 즉 높은 수익률을 보장하는 금융회사의 상품을 찾아 시장에서 유동하고 있는 투기성 자금도 갈수록 늘어나고 있는 것을 볼 수 있다. 2021년 3월을 기준으로 1,382조 원이 풀렸다. 이 돈들이 어디로 갈 데가 없다 보니 주식 또는 부동산 시장으로 흘러 들어가고 있다.

자료 1-17. 시중 부동자금의 추이

(단위 : 조 원)

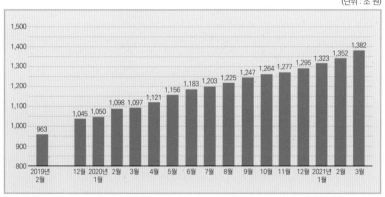

출처 : 한국은행, 금융투자협회

이러한 흐름은 우리나라뿐만 아니라 전 세계적으로도 비슷한 양상을 보이고 있는데, 전 세계가 양적 완화를 하다 보니 주식도 오르고 부동산도 같이 오르고 있다. 미국도 2020년 대비 집값이 11%가 올랐고, 중국도 16%가 올랐다. 우리나라는 15%가 오른 것을 볼 수 있다. 하지만 예전에 3~4억 원 하던 아파트가 지금은 7~8억 원으로 오른 것을 보면, 실제 우리가 체감하는 부동산 가격은 더 오른 것을 알 수 있다. 이렇듯 유동성은 시장을 변화시킨다. 유동성은 투자하기 좋은 상황을 만들어주지만, 잘못하면 가난으로 갈 수 있는 조건을 만들기도 한다. 우리가 꾸준히 재테크를 공부해야 하는 이유가 여기에 있다.

자료 1-18. 주요 국가 집값 상승률(2020년~2021년)

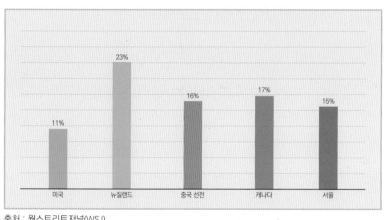

출처 : 월스트리트저널(WSJ)

이러한 집값 상승과 맞물려 우리나라 정부는 2017년 8·2 대책, 2018년 9·13 대책, 2019년 12·16 대책, 2020년 7·10 대책, 임대차 3법에 이르기까지 각종 부동산 정책을 시행했으며, 종부세, 양도세, 취득세 등 세금 인상으로 다주택자를 규제하는 방향으로 나아가고 있다.

한편 경기가 회복기에 들어서면서 테이퍼링에 들어간다는 말을 들어본 적 있을 것이다. 테이퍼링(tapering)은 기존 양적 완화로 인해 과도한 물가상승의 위험이 있고, 금리를 올리기 전, 풀었던 돈부터 점진적으로 줄여 경제에 미치는 타격을 줄이기 위해 시행하므로 금리 인상 신호로 본다.

재테크 공부를 할 때는 이러한 용어들도 알아둬야 하고, 이러한 정책을 시행할 때 어떠한 영향을 미쳤는지 살펴봐야 한다. 2008년 리먼 브라더스 사태 이후 양적완화를 계속하고 있는 상황과 테이퍼링을 한 번 시행했을 당시의 시장 상황 등을 공부하는 것도 재테크에 큰 도움이 된다. 부자들은 이때의 경험을 살려 투자를 하고, 기준금리가 인상할 것인지 등도 뉴스나 신문을 통해 시그널을 읽고, 선제적으로 대비한다.

자료 1-19. 부자와 중산층의 총소득 및 총자산

중산층

총소득×총자산 구성비
"총소득 5,000만 원 이상 1억 원 미만 & 총자산 10억 원 미만 구간에 가장 많이 분포"

총소득		총자산				
		10억원 미만	10억원 이상 30억원 미만	30억원 이상 50억원 미만	50억원이상 100억원미만	100억원 이상
		50%	38%	8%	3%	1%
5천만원 미만	14%	8%	6%	1%	0%	0%
5천만원 이상 1억원 미만	39%	25%	13%	2%	0%	0%
1억원 이상 2억원 미만	33%	13%	15%	4%	1%	0%
2억원 이상	13%	5%	5%	1%	1%	1%

부자

총소득×총자산 구성비
"총소득 2억 원 이상 & 총자산 50억 원 이상 구간에 가장 많이 분포"

총소득		총자산			
		10억원 이상 30억원 미만	30억원 이상 50억원 미만	50억원 이상 100억원 미만	100억원 이상
		24%	31%	29%	16%
5천만원 미만	7%	4%	2%	1%	0%
5천만원 이상 1억원 미만	17%	6%	7%	4%	0%
1억원 이상 2억원 미만	30%	8%	10%	10%	1%
2억원 이상	46%	5%	12%	14%	15%

출처 : 하나은행 하나금융경영연구소

자료 1-19를 보면 부자와 중산층의 총소득과 총자산을 볼 수 있다. 중산층의 총소득은 5,000만 원 이상~1억 원 미만이고, 총자산은 10억 원 미만 구간에 가장 많이 분포하고 있는 것을 알 수 있다. 부자는 총소득이 2억 원 이상이고, 총자산은 50억 원 이상 구간에 가장 많이 분포하고 있다.

자료 1-20. 부자와 중산층의 투자 형태

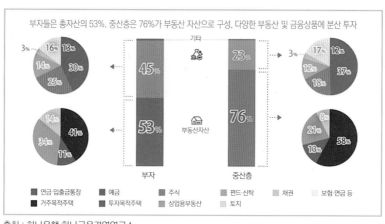

출처 : 하나은행 하나금융경영연구소

　　투자 형태를 보면 부자들은 총자산의 53%, 중산층은 총자산의 76%를 부동산 자산으로 소유하고 있다. 부자들은 부동산 자산만큼이나 예금, 주식, 펀드·신탁, 채권, 보험·연금 등 금융 자산에도 분산 투자하고 있으며, 부동산 자산도 자세히 들여다보면 거주 목적의 주택 외에도 투자 목적으로 다양하게 소유하고 있는 것을 알 수 있다.

자료 1-21. 부자와 중산층의 노후 준비

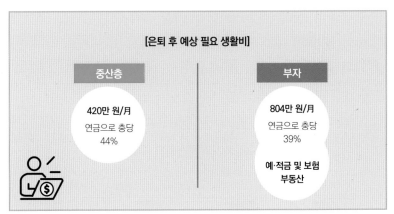

출처 : 하나은행 하나금융경영연구소

부자와 중산층의 노후 준비를 비교하면, 중산층은 월 420만 원이 필요하고, 연금으로 충당할 수 있는 것은 44%라고 한다. 하지만 이것도 베이비붐 세대들의 은퇴 시기엔 연금이 줄어들 수도 있고, 각종 위험 요인들이 존재한다. 월 400여만 원 이상 고정비가 준비되지 않으면, 노후의 상황은 정말 힘들어질 수도 있는 것이다. 따라서 재테크는 선택이 아니라 필수다. 반면 부자들은 월 804만 원이 필요하고, 연금으로 충당하는 것은 39% 정도라고 한다. 또한, 예적금 및 보험, 부동산으로도 노후를 대비하고 있다.

자료 1-22. 72의 법칙

$$\frac{72}{\text{복리 수익률}} = \textbf{원금의 2배}\text{가 되는 기간(연수)}$$

노후를 대비하고, 효율적인 재테크를 하기 위해서는 우리는 복리의 개념을 이해해야 한다. 저축과 투자를 통한 재테크와 관련해서 빼놓을 수 없는 것이 복리의 위력이다. 알버트 아인슈타인(Albert Einstein)은 "복리야말로 인간의 가장 위대한 발명"이라고 했다. 현 은행 금리는 1%에서 1.5% 정도이고, 2금융권으로 가면 3% 정도까지도 가능하다. 이러한 상황에서 원금의 2배가 되게 자산을 늘리려면 얼마나 걸리는지 72의 법칙으로 계산을 해봤다. 72의 법칙은 72를 연간 복리수익률로 나누면 원금이 2배가 되는 기간과 같아진다는 법칙이다.

자료 1-23. 72의 법칙으로 계산한 예

$$\frac{72}{복리\ 수익률} = \text{원금의 2배가 되는 기간(연수)}$$

$$\frac{72}{1.3\%} = \text{약 55년} \qquad \frac{72}{3\%} = \text{24년}$$

$$\frac{72}{6\%} = \text{12년} \qquad \frac{72}{12\%} = \text{6년}$$

1.3%의 복리 수익률로 계산하면 원금이 2배가 되게 하려면 약 55년이 걸리고, 3%는 24년, 6%는 12년, 12%는 6년이 걸리는 것을 볼 수 있다. 극단적으로 1.3%와 12%의 복리 수익률을 비교해볼 때 원금의 2배가 되는 기간이 55년과 6년이라는 것은 실로 엄청난 차이다. 예를 들어 은행에 1억 원을 넣고 2억 원을 만들려고

55년을 기다릴 것인지, 적절한 투자처를 찾아 6년 또는 12년 만에 1억 원을 2억 원으로 만들 것인지는 여러분의 선택이다.

자료 1-24. 스노우볼 효과

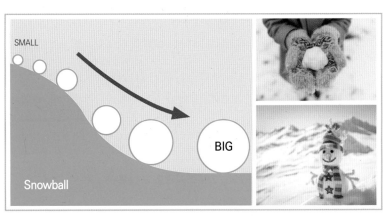

출처 : Pexels(Arina Krasnikova, Mariakrav)

　복리와 비슷한 개념으로 '스노우볼 효과'라는 말을 들어본 적 있을 것이다. 재테크를 할 때 빼놓을 수 없는 개념으로, 세계적인 투자자 워런 버핏(Warren Buffett)이 복리 효과를 설명하기 위해 사용하면서 경제 용어로 자주 쓰이게 됐다. 눈사람을 만들 때처럼 처음엔 주먹만 한 눈덩이를 계속 굴리다 보면 어느새 산더미처럼 커지는 현상을 말한다. 우리는 자산을 불릴 때 이 스노우볼처럼 크게 빨리 만들 방법을 찾아야 한다. 그렇지 않으면 원금을 2배로 만들기 위해서 55년 동안 기다려야 하는 상황을 맞이할 수밖에 없다.

　복리 계산기로 계산하면 재테크를 해야 하는 이유가 더욱 분명해진다.

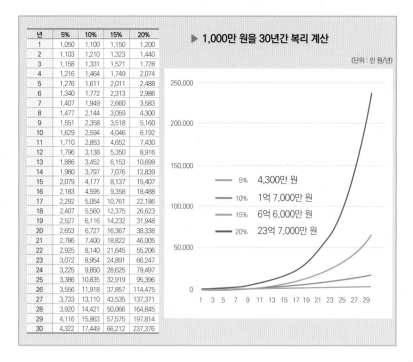

자료 1-25. 복리 계산기로 계산한 사례 1

▶ 1,000만 원을 30년간 복리 계산

(단위 : 만 원/년)

년	5%	10%	15%	20%
1	1,050	1,100	1,150	1,200
2	1,103	1,210	1,323	1,440
3	1,158	1,331	1,521	1,728
4	1,216	1,464	1,749	2,074
5	1,276	1,611	2,011	2,488
6	1,340	1,772	2,313	2,986
7	1,407	1,949	2,660	3,583
8	1,477	2,144	3,059	4,300
9	1,551	2,358	3,518	5,160
10	1,629	2,594	4,046	6,192
11	1,710	2,853	4,652	7,430
12	1,796	3,138	5,350	8,916
13	1,886	3,452	6,153	10,699
14	1,980	3,797	7,076	12,839
15	2,079	4,177	8,137	15,407
16	2,183	4,595	9,358	18,488
17	2,292	5,054	10,761	22,186
18	2,407	5,560	12,375	26,623
19	2,527	6,116	14,232	31,948
20	2,653	6,727	16,367	38,338
21	2,786	7,400	18,822	46,005
22	2,925	8,140	21,645	55,206
23	3,072	8,954	24,891	66,247
24	3,225	9,850	28,625	79,497
25	3,386	10,835	32,919	95,396
26	3,556	11,918	37,857	114,475
27	3,733	13,110	43,535	137,371
28	3,920	14,421	50,066	164,845
29	4,116	15,863	57,575	197,814
30	4,322	17,449	66,212	237,376

5% 　4,300만 원
10% 　1억 7,000만 원
15% 　6억 6,000만 원
20% 　23억 7,000만 원

자료 1-25는 1,000만 원을 30년간 복리 계산했을 때의 상황을 나타낸 것이다. 5%면 4,300만 원, 10%면 1억 7,000만 원, 15%면 6억 6,000만 원, 20%는 무려 23억 7,000만 원이다. 재테크를 한다고 했을 때 우리는 적어도 10%는 넘겨야 한다. 그렇게 수익률을 낼 수 있는 재테크 방법을 우리는 반드시 찾아내야 한다.

자료 1-26. 복리 계산기로 계산한 사례 2

년	5%	10%	15%	20%
1	1,050	1,100	1,150	1,200
2	1,103	1,210	1,323	1,440
3	1,158	1,331	1,521	1,728
4	1,216	1,464	1,749	2,074
5	1,276	1,611	2,011	2,488
6	1,340	1,772	2,313	2,986
7	1,407	1,949	2,660	3,583
8	1,477	2,144	3,059	4,300
9	1,551	2,358	3,518	5,160
10	1,629	2,594	4,046	6,192
11	1,710	2,853	4,652	7,430
12	1,796	3,138	5,350	8,916
13	1,886	3,452	6,153	10,699
14	1,980	3,797	7,076	12,839
15	2,079	4,177	8,137	15,407
16	2,183	4,595	9,358	18,488
17	2,292	5,054	10,761	22,186
18	2,407	5,560	12,375	26,623
19	2,527	6,116	14,232	31,948
20	2,653	6,727	16,367	38,338
21	2,786	7,400	18,822	46,005
22	2,925	8,140	21,645	55,206
23	3,072	8,954	24,891	66,247
24	3,225	9,850	28,625	79,497
25	3,386	10,835	32,919	95,396
26	3,556	11,918	37,857	114,475
27	3,733	13,110	43,535	137,371
28	3,920	14,421	50,066	164,845
29	4,116	15,863	57,575	197,814
30	4,322	17,449	66,212	237,376

30년 복리로 계산

원금 : 1,000만 원

1% : 72년

5% : 14년

10% : 7년

15% : 5년

20% : 4년

　자료 1-26은 30년 복리 계산을 해보면, 1,000만 원이 원금의 2배가 되는 기간을 72법칙으로 계산한 것이다. 1%는 72년, 5%는 14년, 10%는 7년, 15%는 5년, 20%는 4년이 걸린다. 우리는 여기서 적어도 10% 이상 수익을 낼 수 있는 구조를 반드시 만들어야 한다. 10% 이상 더 낼 수 있다면 금상첨화겠지만 손실을 적게 입고, 꾸준히 투자하는 것이 중요하다.

03

부동산 재테크,
어떻게 해야 하나?

우리나라 부동산 역사를 보면, 부동산 가격은 상승과 침체를 반복하면서 우상향으로 나아갔다. 자료 1-27은 서울의 부동산 지수

자료 1-27. 서울 부동산 지수

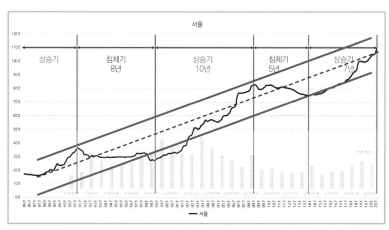

출처 : (월간)KB주택가격동향_시계열 참조

로 1986년부터 현재에 이르기까지 꾸준히 우상향한 것을 볼 수 있다. 이런 흐름은 역사적으로도 계속 이어진 만큼 국가 경제가 무너지지 않는 이상 상승하는 방향으로 나아갈 것이다. 따라서 부동산 재테크는 내 집 마련을 위한 첫걸음이자 재테크로 좋은 투자 방법이 될 수 있다.

세부적으로 자료 1-28의 서울 아파트 매매지수를 우선 살펴보면, 1991년 4월부터 2001년 8월까지 약 10년간 정체가 있었고, 2008년 6월부터 2015년 7월까지 약 7년간 정체가 있었지만, 정체한 만큼 반등해서 지속적으로 우상향하고 있는 것을 볼 수 있다.

부산의 아파트 매매지수도 상승하다가 1991년 4월부터 2003년 7월까지 약 12년의 정체가 있었다. 이 시기에는 서울도 50% 이상 아파트 가격이 내려가고, 강남도 하락했다. 그 뒤 약간 상승했다가 2003년 10월에서 2008년 9월까지 약 5년간 정체됐고, 다시 반등했다가 2012년 4월에서 2015년 4월까지 약 3년간 정체가 있었다. 이 3년간 정체한 시기에는 미분양이 속출했다. 이때는 정부에서 미분양 아파트를 사면 세제 혜택도 주고, 팔 때는 양도소득세도 감면해줬다. 이러한 시기를 지나 다시 아파트 가격은 상승했고, 지속적으로 우상향한 것을 알 수 있다. 부산은 이렇듯 서울을 기준으로 따라가고, 부산을 기준으로 주변 도시가 따라간다. 또한, 서울을 기준으로 해서 경기, 수원 등도 따라간다. 차트 분석만 잘해도 방향성을 알 수 있고, 어느 시기에 어느 지역이 상승할지 알 수 있다.

자료 1-28. 부동산 매매지수(서울, 부산)

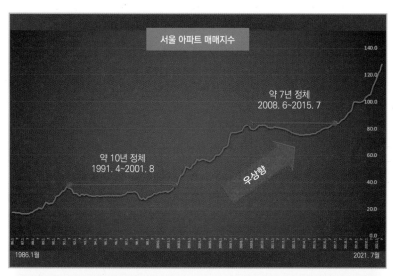

출처 : (월간)KB주택가격동향_시계열(2021. 7)_A지수

부동산은 보통 아파트(갭 투자 포함), 재개발·재건축, 분양권 등의 투자로 재테크를 할 수 있다. 여기서 알아둬야 할 것이 있는데, 아파트 매매가격이 상승하는 것은 아파트 건물의 가격이 올라가서가 아니라, 아파트 대지지분의 가격이 상승하기 때문이다. 주택이 깔고 있는 지가가 올라가는 것이다. 아파트 건물은 사자마자 자동차처럼 감가상각이 시작되는데, 아파트 매매가격이 오르는 이유는 건물을 받치고 있는 지가가 꾸준히 상승하기 때문이다. 지가는 이제까지 한 번도 떨어진 적이 없다. 특히 준공업지역, 상업지역 등은 지속적으로 상승했다. 지가가 많이 올라가는 곳은 입지가 좋은 곳이다. 땅은 유니크하고, 더 이상 만들 수 없다. 따라서 지가는 상승할 수밖에 없고, 아파트는 지가를 기준으로 상승한다. 하지만 땅이라고 다 가격이 오르는 것은 아니고, 산골의 땅은 값이 오르지 않는다. 따라서 지가가 오를 수 있는 좋은 입지를 선택해야 한다.

자료 1-29. 부동산 투자의 방법

부동산 투자의 기본은 내 집 마련에서부터 시작한다. 그렇다면 내 집 마련을 하기 위해서 살펴봐야 할 조건에는 어떤 것이 있을까? 우선 실수요가 받쳐주는 입지를 선택해야 한다. 자녀가 초등학교에 입학해서 고등학교를 졸업할 때까지는 실수요자가 쉽게 다른 지역으로 이사 갈 수가 없다. 따라서 평수가 좀 적고, 가격이 높더라도 학군이 좋은 곳을 선택하는 것이 좋다. 또한, 신축과 같은 상품 경쟁력이 있는 아파트를 선택하는 것이 좋다. 하지만 대출을 많이 하면 무리가 될 수 있으므로 소액 투자로 접근하면서 다음 기회를 노리는 것도 방법이다. 신혼부부는 신혼 특공을 잘 활용하고, 1,000세대 이상 대단지, 1군 브랜드 아파트를 선택하는 것도 팁이다. 노후도가 심한 주택은 재개발 가능성이 크기 때문에 접근해볼 만하고, 매매와 전세 갭을 활용해 갭 투자를 하는 방법도 고려해보는 것이 좋다.

자료 1-30. 내 집 마련 투자 전략

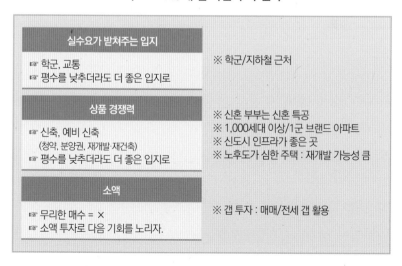

부동산 시장의 가격 변화에 영향을 주는 요인들은 공급량, 부동산 정책, 대내외 경제 상황이 있다. 먼저 공급량은 부동산 정책, 대내외 경제 상황, 가격, 미분양, 전세 시장의 영향을 받는다. 부동산 정책은 가격의 상승과 하락에 따라 규제하기도 하고, 완화하기도 하는데, 완화하는 시기에 투자하는 것도 효율적인 방법이다. 대내외 경제상황은 2008년 리먼 브라더스 사태만 봐도 가격 변화에 큰 영향을 주고, 금리나 통화량에 영향을 미치는 것도 알 수 있다.

자료 1-31. 가격 변화에 영향을 주는 요인들

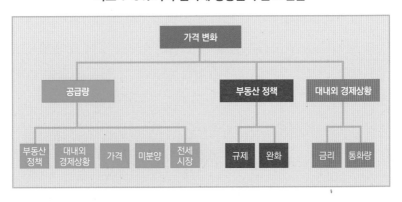

지역 분석 시 필요한 요소는 입주 물량, 입지 분석, 개발호재로 나누어 볼 수 있다. 주변의 입주 물량이 많아지면 투자가 힘들어질 수도 있다. '나는 실수요자라서 구애를 받지 않아'라고 할 수도 있지만, 주변의 물량이 늘어나면 전세 세입자들은 새 아파트로 가고자 하는 수요가 늘어날 것이므로 영향을 안 받을 수가 없다. 또한, 일자리, 교통, 상권, 학군 등 입지를 분석해야 한다. 도로, 지하철이 생긴다든지, 택지를 개발한다든지, 산업단지가 형성된다든지 하는 개발호재 등을 알아보는 것도 중요하다. 이렇듯 분석하고 투자해서 내 집 마련을 한다면 남들보다 좋은 입지를 만들어갈 수 있다.

자료 1-32. 지역 분석 시 필요한 요소

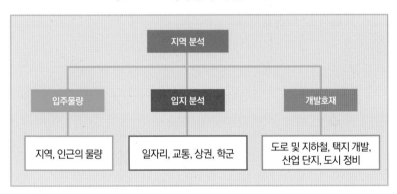

자료 1-33. 부동산 흐름

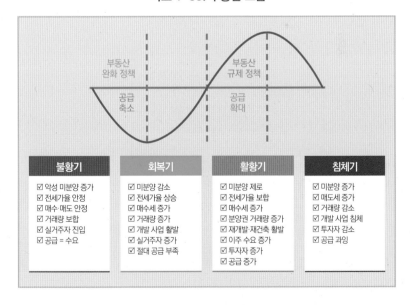

부동산은 불황기, 회복기, 활황기, 침체기에 따라 각각의 시그널이 있고, 사이클이 있다. 불황기에는 거래량이 보합되고 악성 미분양이 증가된다든지 하는 시그널이 있다. 지금 시점은 활황기라고 볼 수 있는데, 활황기의 중간인지, 꼭대기인지는 단정하기 어렵다. 분명한 것은 매매가격이 상승되고, 투자자가 늘어나고 있으므로 활황기임에는 틀림없다. 우리는 이러한 부동산 흐름 사이클을 통해 어느 시점에 투자해야 할지 판단하는 안목이 필요하다. 언제 들어가서 언제 빠져나올지를 아는 것이 중요하다.

기본적으로 부동산 투자를 할 때는 도시기본계획을 확인해야 한다. 20년을 기준으로 정부가 발표하고, 어느 도시를 어떻게 개발하겠다는 계획이 다 나온다. 서울시의 경우는 〈2030 서울 도시기본계획〉 등으로 확인해볼 수 있다. 도시기본계획 안에는 공간구조, 생활권, 토지이용, 기반시설, 공원녹지, 경관 등을 다 살펴볼 수 있게 정리되어 있다. 정부가 장기적으로 어떠한 계획을 가지고 개발할지 알 수 있다.

자료 1-34. 도시기본계획

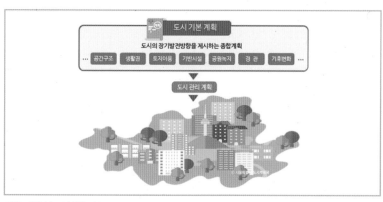

출처 : 서울시 도시계획포털

자료 1-35는 부산시 도시기본계획으로 2016년까지는 3도심+5
부도심+8지역 특화핵으로 해서 서면, 광복을 중심으로 개발하는
내용을 담고 있다. 2016년부터 2020년까지는 3도심+5부도심+8
지역 특화핵으로 해서 동부산권 내 해운대에 도심 기능을 부여
해서 광역중심지로의 위상을 강화한다는 내용이다. 2020년부터
2030년까지는 1광역 중심+4도심+6부도심+5지역 특화핵으로 해
서 서부산권 내 글로벌 시티 개발로 강서 지역도 발전시키는 계획
을 담고 있다. 이러한 도시기본계획의 시그널을 잘 찾으면 부동산
투자에 많은 도움이 된다.

자료 1-35. 부산시 도시기본계획

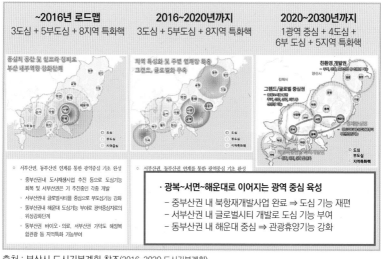

출처 : 부산시 도시기본계획 참조(2016~2030 도시기본계획)

　부동산 재테크를 할 때는 교통 측면도 살펴봐야 한다. 철도가 어
떻게 이어지는지, 도로가 어떻게 형성되는지, 도시와 도시가 어떻

게 연결될 것인지 등을 찾아보는 것은 투자에 있어서 굉장히 중요하다. 도시와 도시가 연결되는 시점, 지하철이 연결되는 시점 등을 파악하면 발 빠른 투자자가 될 수 있다. 자료 1-36은 사업별 전체 노선도로, 한국철도시설공단 홈페이지에 들어가면 찾아볼 수 있다.

자료 1-36. 사업별 전체 노선도

출처 : 한국철도시설공단

아울러 일자리도 살펴봐야 하는데, 산업단지가 있어야 일하는 사람들이 생기고, 일하는 사람들이 있어야 도시가 발전한다. 발전하는 도시의 집값은 상승할 수밖에 없고, 이는 부동산 재테크 시 중요하게 확인해봐야 할 항목이다. 자료 1-37은 한국산업단지공단 홈페이지인데, 산업단지 현황 지도를 통해 국내 산업단지의 위치 정보를 알 수 있어서 부동산 투자 시 판단자료로 활용할 수 있다.

자료 1-37. 산업단지 현황 지도

출처 : 한국산업단지공단

   이렇듯 재테크의 방법은 너무나 다양해서 어디서부터 어떻게 시작해야 하는지 막연해하는 분들이 많다. 하지만 재테크는 앞서 누누이 강조했듯 선택이 아닌 필수다. 1%대 금리로 원금을 2배로 불리기에는 55년이라는 시간이 걸리고, 그 안에 우리는 부를 누리지 못할 수도 있다. 재테크에 대해 잘 모르겠다면 이제부터라도 공부를 시작하면 되고, 우선은 내 집 마련을 시작으로 부동산 재테크를 해볼 것을 추천한다.

   네이버로 '캠프 부동산 스쿨'을 검색하면 부동산 공부 및 다양한 재테크 방법을 배울 수 있고, 유튜브로는 다양한 강의 영상을 통해 여러분을 부자로 만들어줄 다양한 투자 방법을 알려줄 것이다.

자료 1-38. 캠프 부동산 스쿨

출처 : 네이버, 유튜브

PART 02

빅데이터 활용 및
유용한 어플,
사이트 사용법

부동산 가격은
왜 오르고 떨어질까?

부동산 가격의 상승과 하락은 수요와 공급, 정부 정책, 유동성, 개발호재, 심리 등 다양한 요인이 종합적으로 얽힌 결과다. 부동산 초보자들은 아직 어렵겠지만, 궁극적으로는 이러한 부동산 가격의 상승과 하락의 흐름을 정확히 파악하고, 빅데이터를 통해 다양하게 분석해서 똑똑한 투자를 해야 한다. 우선 부동산 가격이 왜 오르고 떨어지는지 그 이유를 알기에 앞서 빅데이터(Big Data)에 대해 살펴보겠다.

빅데이터의 사전적 정의는 '디지털 환경에서 생성되는 데이터로 그 규모가 방대하고, 생성주기도 짧으며, 형태도 수치 데이터뿐 아니라 문자와 영상 데이터를 포함하는 대규모 데이터'를 말한다. 빅데이터 하면 뭔가 양이 많을 것 같고, 중요하며, 데이터보다는 상위 개념이고, 인공지능과도 관련 있을 것 같다. 하지만 빅데이터를 단순히 '어마어마하게 많은 데이터'라는 식으로 받아들이면 본질적인 의미와 가치를 놓치게 된다.

데이터는 정형화된 수치 자료가 중심인 것에 비해 빅데이터는 비정형의 다양한 문자(SMS, 검색어), 영상(CCTV, 동영상), 위치 데이터를 포함한다. 이 빅데이터의 특징은 크기, 다양성, 속도를 들 수 있는데 첫째, 크기(Volume)는 데이터의 물리적 크기를 말한다. 기업 데이터, 웹 데이터, 센서 데이터 등 페타 바이트(PB) 규모로 확장된 데이터다. 둘째, 다양성(Variety)은 다양한 종류의 데이터가 있음을 뜻한다. 정형화된 데이터뿐만 아니라 사진, 오디오, 비디오, 소셜미디어 데이터 등 비정형화된 데이터도 포함한다. 셋째, 속도(Velocity)는 빠른 속도로 순식간에 처리하는 것을 의미한다. 데이터를 수집·가공·분석하는 일련의 과정을 실시간 또는 일정 주기에 맞춰 처리할 수 있어야 한다. 최근 기업들은 이러한 빅데이터 플랫폼을 사용해 빅데이터를 수집, 저장, 처리 및 관리하

자료 2-1. 빅데이터의 특징

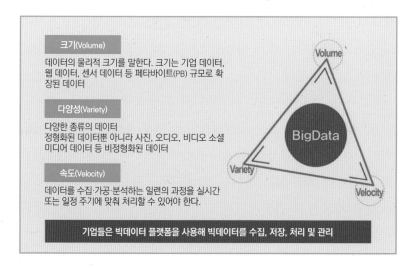

고 있다. 또한, 빅데이터를 통해 불필요한 예산이나 낭비되고 있었던 자산을 절약하고, 정말 투자가 필요한 곳을 확인할 수 있으므로 빅데이터 분석은 앞으로의 산업에서 중요한 과제다.

그렇다면 우리는 하루에 얼마나 많은 데이터를 만들어내고 있을까? IBM의 조사에 따르면, 사람들이 매일 생성하는 데이터의 양은 약 250경 바이트에 이르며, 18~24개월마다 2배로 증가하고 있다고 한다. 1분 동안 인터넷에서 생성되는 데이터의 양을 살펴보면, 1분 동안 구글에서는 200만 건의 검색, 유튜브에서는 72시간의 비디오, 트위터에서는 27만 건의 트윗이 생성되고 있다고 한다.

이러한 빅데이터를 활용해 구글 트렌드나 네이버 트렌드를 보면 사람들의 심리를 엿볼 수 있다. 다음의 자료 2-2는 구글 트렌드에서 '아파트 매매', '아파트 전세'를 검색어로 넣어 비교해본 것이다. 아파트 전세 검색이 많은 시기는 부동산 하락장일 수 있고, 아파트 매매 검색이 많을 때는 부동산 상승장을 의미할 수 있다. 이렇듯 구글 트렌드로 사람들의 부동산 심리를 들여다볼 수 있다. 한편 네이버 트렌드에는 재건축, 아파텔, 아파트 분양, 레지던스 검색어를 넣었는데, 이런 식으로 최근 사람들이 부동산에서 어느 분야에 관심이 있는지도 살펴볼 수 있다.

빅데이터는 자료이고, 기술이고, 인문이다. 특히 부동산 투자를 하는 사람들은 마지막에 빅데이터를 어떻게 활용하고, 해석하느냐에 따라 이 빅데이터는 좋은 정보가 될 수도 있고, 나쁜 정보가 될 수도 있다. 미국 시장 조사기관 가트너는 빅데이터를 '미국 경쟁력을 좌우하는 21세기 원유'라고 표현했고, 과학전문지 〈네이

자료 2-2. 구글 트렌드와 네이버 트렌드

출처 : 구글, 네이버

처〉는 '향후 10년간 세상을 바꿀 가장 중요한 기술'이라고 했다. 이렇듯 정보의 홍수 속에서 빅데이터는 새로운 '원유'라는 평가를 받고 있다.

조각들로 떠다니는 데이터들을 모으고 나누고 분석하면 미래가 보인다. 빅데이터는 곧 미래인 상황 속에서 부동산 투자도 빅데이터를 활용해 지혜롭게 투자할 필요가 있다.

이제는 본론으로 돌아가서 부동산 가격은 왜 오르고 떨어지는지 한번 살펴보자. 부동산 가격을 움직이는 요인은 자료 2-3에 나열한 것 같이 수요·공급, 전세가율, 산업경기, 금리, 개발호재, 실업률, 유동성, 정부 정책, 인구, 심리 등 다양한 요인이 있다. 이러한 각각의 요인들이 서로 영향을 주고받은 결과로, 실수요자나 투자자의 심리가 반영되어 부동산을 사고팔게 되고, 이에 따라 부동산 가격이 상승하거나 하락하게 된다.

자료 2-3. 부동산 가격을 움직이는 요인

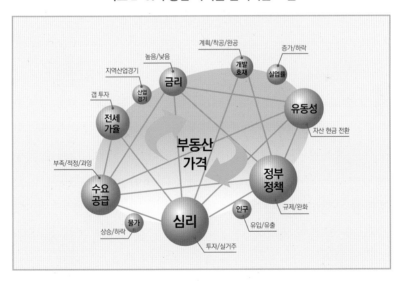

우선 수요와 공급은 경제학의 기본적인 용어다. 쉽게 말해 아파트 공급 대비 수요가 많으면 부동산 가격은 올라가고, 아파트 공급 대비 수요가 적으면 부동산 가격은 내려갈 수밖에 없다.

　이 수요, 공급과 관련해서 더 자세히 들여다보면, 과거 1998년 기준 우리나라 주택보급률은 98.3%였는데, 현재는 주택보급률이 전국 104.8%라고 한다. 그렇다면 주택보급률이 100%가 넘었다는 것은 공급이 많아진 것인데 신규 주택이 왜 필요할까? 이는 사람들이 신축 아파트에 대한 선호도가 높고, 기존 주택은 노후화로 멸실됐기 때문이다. 또한, 다주택자들이 아파트를 소유한 예가 많고, 이혼·결혼·세대분리 등으로 가구수가 증가했다. 2020년 기준, 자가점유율은 57.9%, 자가보유율은 60.6%라고 하는데, 아직도 40%에 가까운 사람들이 내 집이 없는 것도 이 때문이다.

　이러한 수요, 공급의 요인에 따라 정부 정책도 영향을 받는다. 정부는 부동산 가격이 하락하면 규제완화 정책을 펴고, 부동산 가격이 상승하면 규제 정책을 시행한다. 좀 더 구체적으로 살펴보면, 노무현 정부는 부동산 가격의 상승으로 강력한 규제 정책을 펼쳤고, 이명박 정부와 박근혜 정부는 부동산 가격이 하락하면서 경기 부양을 위한 규제완화 정책을 펼쳤다. 그러다가 문재인 정부에 들어서서 다시 강력한 부동산 규제 정책이 이루어졌는데, 이는 부동산 가격이 급상승했기 때문이다.

　이러한 상황 속에서 현재 20~30대는 집값 상승으로 내 집 마련이 어려워졌고, 40~50대는 대출이 막혀 더 좋고, 넓은 집으로 이사 갈 수 있는 길이 차단됐다. 재산이라곤 집 한 채밖에 없는 은퇴 세대는 보유세 증가로 부담을 안게 됐고, 집을 가진 사람들도 아파트 가격 상승으로 자산가치는 상승했지만, 공시 가격 상승으로 실수요자들도 경제적으로 부담을 안게 됐다. 종부세 증세는 곧 다주택자들의 임대료 인상으로 세입자들에게 부담을 가중하는 결과가 됐다.

정부는 투기 수요를 잡겠다면서 강력한 부동산 규제 정책을 시행했지만, 코로나 19의 영향으로 유동성이 커져 화폐 가치가 하락했고, 전세는 임대차 3법의 영향으로 매물의 감소가 이어지는 상황이다. 또한, 공급을 늘려 매물을 증가시킨다고 했지만, 공급은 하루 이틀에 이루어지는 일이 아니고, 전세 감소로 인해 매매가격 상승이 이어지고 있다.

아파트를 공급해야 할 민간건설사도 정비사업규제와 분양가상한제 등으로 규제에 막혀 있으며, 임대차 3법과 취득세, 양도세 강화, 자금출처 강화와 거래 제한 등으로 한 가구가 살 수 있는 재고주택도 부족한 상황이다. 결국, 이로 인해 전세가격 상승과 매매가격 상승, 월세 전환 가속화, 청약 열풍, 패닉 바잉 등으로 번지고 있다.

금리의 경우도 금리가 높으면 대출 부담이 있어서 부동산 매수를 주저하게 되고, 이 역시 부동산 가격 하락에 영향을 미칠 수밖에 없다. 현재는 2014년 3분기 이후 본격적으로 기준금리가 하락하면서 저금리로 이어졌다가 한은이 코로나 이전 수준으로 기준금리를 인상(1.25%)했다. 소비자물가상승률이 높아지면서 인플레이션 압력이 커지고 있기 때문에 기준금리를 인상한 것으로 보인다. 다음 자료 2-4의 그래프를 보면, 금리에 따른 부동산 매매지수를 볼 수 있는데, 노무현 정부 시절에는 금리의 하락으로 유동성이 증가했고, 매매지수가 상승한 것을 볼 수 있다. 그러다가 이명박, 박근혜 정부 시절을 거치며 매매지수가 하락했다가 다시 금리가 하락하면서 문재인 정부 들어서는 매매지수가 상승하는 것을 보여준다.

자료 2-4. 금리/매매지수

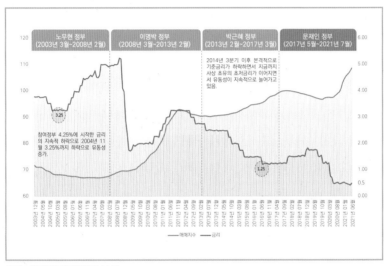

출처 : 한국은행 통계정보시스템

한편 코로나 19로 인해 경기 부양정책의 일환으로 시중에 돈이 많이 풀렸고, 유동성이 커졌다. 그래서 갈 데 없는 현금자산이 부동산과 주식에 많이 흘러갈 수밖에 없었다. 이 유동성도 부동산 가격의 상승과 하락에 영향을 미친다. 최근 서울 아파트의 가격 급등을 이유로 풍부한 유동성에다가 유례없는 초저금리를 맞아 시중에 돈이 넘치는데, 기업의 투자와 민간의 소비는 늘고, 갈 곳 없는 돈이 부동산 거래에 몰리면서 가격 폭등을 낳았다는 분석도 있다. 자료 2-5의 유동성/매매지수 그래프를 보면, 2014년 하반기 이후 유동성이 급증하면서 매매지수도 올라가고 있는 것을 볼 수 있다. 2021년 5월 기준으로 M1은 1,264조 원, M2는 3,379조 원이 있다고 하니 유동자금이 풍부한 상황인 것을 알 수 있다.

자료 2-5. 유동성/매매지수

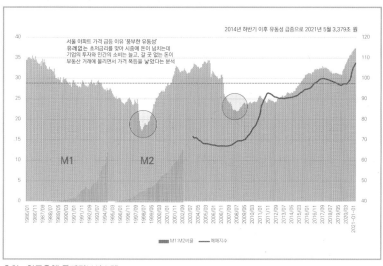

출처 : 한국은행 통계정보시스템

전세가율은 주택 매매가격 대비 전세가격의 비율로, 갭 투자를 할 때 많이 살펴보는 요인이다. 예를 들어, 아파트 매매가격은 5억 원인데 전세가격이 4억 9,000만 원이라면, 1,000만 원만 보태면 아파트를 살 수 있다. 따라서 이 수요는 매매 수요로 전환될 수 있다. 반면 매매가격은 5억 원인데 전세가격이 2억 원이라면 서민들은 아파트를 살 엄두를 못 낼 것이다. 따라서 실수요자들은 전세로 살 수밖에 없다. 전세가율도 이렇게 부동산 가격의 상승과 하락에 영향을 미친다. 자료 2-6은 부산시의 구별 전세가율이다. 이 그래프에서 전세가율이 가장 낮은 지역은 수영구(39.7)로, 전국에서 가장 낮다.

자료 2-6. 매매가격 대비 전세가율

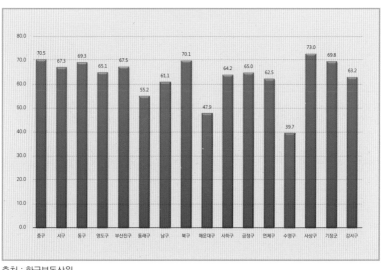

출처 : 한국부동산원

인구 요인도 부동산 가격에 큰 영향을 미치는데, 출산율의 저하와 고령화 진입으로 우리나라의 인구가 감소할 것이라는 예측이 대세다. 그렇다면 인구가 줄어들 경우 부동산 가격도 떨어질까? 자료 2-7을 보면 향후 20년 내로 인구수는 점점 줄어들 것으로 예상된다. 하지만 미혼 및 이혼이 증가하고, 개인 프라이버시를 중시하는 1인 가구가 증가하면서 가까운 미래에는 1인 가구 비중이 가장 높은 비율을 차지할 것으로 보인다. 또한, 경제적·시간적 자유를 즐기는 도시지역 미혼층의 증가와 경제적·정신적 어려움을 느끼는 농어촌지역 노령층의 증가도 예상된다. 따라서 인구가 줄어도 가구수는 늘어날 것이고, 당분간은 부동산 가격에 큰 영향을 미치지 않을 것으로 보인다.

자료 2-7. 인구수

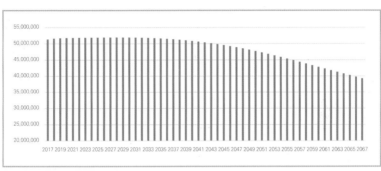

출처 : 통계청

그 외 개발호재는 도로가 뚫리고, 지하철이 연결되는 과정에서 계획, 착공, 완공 시 부동산 가격에 영향을 주고, 지역의 산업경기와 실업률의 증가 및 하락, 물가 상승과 하락 등도 부동산 가격에 영향을 미친다. 요약하면 수요 증가, 공급 부족, 개발호재, 유동성 증가는 부동산 가격의 호재라고 볼 수 있고, 공급 과잉, 정부 규제, 경기악화는 부동산 가격의 악재라고 볼 수 있다.

이렇듯 부동산 가격은 상승과 하락을 반복하면서 장기적으로는 우상향을 그려왔다. 다음 자료 2-8의 부동산 순환 변동을 보면, 상향하는 시기에는 부동산 가격이 상승하고, 거래가 활발해지며, 공실률이 최소화되고, 건축허가 신청 건수는 최대로 늘어난다. 따라서 매도자 측은 가격 상승률이 높아지므로 거래 성립을 미루고, 매수자는 거래 성립을 앞당기려 하는 매도자 우위 시장이 형성된다.

후퇴하는 시기에는 경기 상승 정점을 찍고 나면 하강세로 후퇴하기 시작한다. 부동산 가격은 하락하며, 거래가 한산해지고, 공실률이 증가하기 시작한다. 건축허가 신청 건수도 감소하며, 매도자가 늘어나고 매수자가 감소하는 매수자 우위 시장이 형성된다.

하향하는 시기에는 지속적으로 경기가 하강하며, 부동산 가격이 하락하고, 거래가 극히 감소하며, 빈집의 비율인 공가율이 최대가 된다. 건축허가 신청 건수도 최소화되고, 매도자는 거래 성립시기를 앞당기려 하는데, 매수자는 그 시기를 미루려고 해서 매수자 우위 시장이 형성된다.

자료 2-8. 부동산 순환 변동

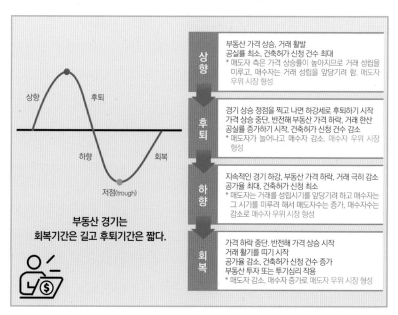

회복하는 시기에는 가격 하락이 중단되고, 반전하며, 가격 상승이 시작된다. 거래가 활기를 띠기 시작하고, 공가율이 감소하며, 건축허가 신청 건수도 증가한다. 부동산 투자 또는 투기 심리가 작용해서 매도자가 감소하고, 매수자가 증가하는 매도자 우위 시장이 형성된다.

부동산 가격이 오르고 떨어지는 이유를 분명히 알면, 잃지 않는 투자를 할 수 있다. 또한, 투자할 때 빅데이터 정보를 근거자료로 활용한다면, 부동산 투자 성공 확률을 더욱 높일 수 있다.

최근에는 빅데이터 기반의 다양한 부동산 정보 사이트를 손쉽게 인터넷에서 검색할 수 있다. 이 사이트들을 활용해 임장 가기 전에 손품을 팔면 효율적인 투자를 할 수 있다. 부동산 조사, 관리&공시, 통계 전문기관인 한국부동산원 홈페이지에서는 다양한 부동산 데이터를 일반인들이 볼 수 있도록 공개하고 있다.

　또한, 앱으로도 제공하고 있어서 PC와 모바일 중 본인에게 편한 방식으로 활용하면 된다. 한국부동산원에서는 청약홈을 통해 청약신청 및 당첨조회, 자격 확인 등을 할 수 있고, 전국지가변동률, 전국 주택가격동향, 공동주택 실거래 가격지수, 부동산 거래현황 등 부동산 통계를 열람할 수 있다. 또한, 부동산 가격공시를 통해 공동주택 공시가격, 표준지 공시지가, 표준 단독주택 공시가격, 개별 단독주택 공시가격, 개별공시지가를 알아볼 수 있다.

자료 2-9. 한국부동산원

KB 부동산은 홈페이지를 열면 다음의 자료 2-10과 같이 지역의
지도가 펼쳐지면서 아파트 시세를 알려준다. 좌측의 메뉴에서는
빠른 시세조회, KB통계, 스마트 대출, 세금계산기를 활용할 수 있
다. 자료 2-10 하단의 엑셀 파일은 KB통계 자료실에서 제공하는
주간시계열 엑셀 파일이다. 이 파일에서는 아파트 매매증감, 전세
증감, 매매지수, 전세지수 등을 살펴볼 수 있다.

자료 2-10. KB 부동산

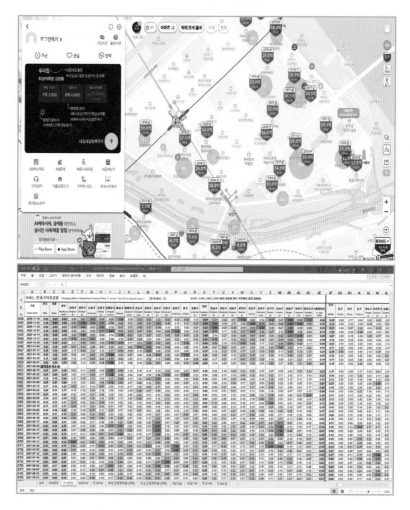

　　자료 2-11을 보면, 호갱노노는 쉽고 빠른 실거래가 확인이 가능
하고, 아파트 일조량, 실거래/호가 연계 차트를 볼 수 있다. 또한,
검색 필터가 상세하게 되어 있으며, 인구 이동과 주변 가격 변동을
비교할 수 있다. 실시간 방문자를 분석할 수 있는 것도 특징이다.

자료 2-11. 호갱노노

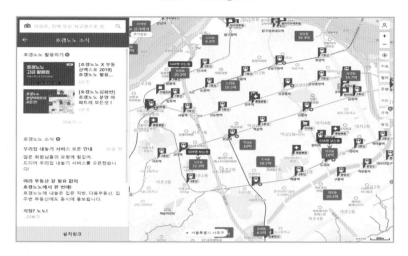

부동산지인은 면적별 시세, 연차별 시세를 통해 지역의 아파트 가격을 보여주며, 국토교통부에서 제공하는 실거래 정보를 제공한다. 지역에 공급되고 있는 아파트의 숫자와 필요한 수요를 알 수 있으며, 실제 거래가 이루어진 날을 기준으로 아파트 거래량도 볼 수 있다.

자료 2-12. 부동산지인

자료 2-13. 아실

아실은 순위분석으로 아파트 최고가 순위를 알려주며, 가격분석을 통해 매매, 전세가격 변동을 보여준다. 인구변화와 입주물량, 분양, 정책, 개발이슈 등도 아울러 살펴볼 수 있다. 여러 아파트의 가격을 비교할 수 있고, 갭 투자 증가지역, 외지인 투자 증가지역도 찾아볼 수 있다.

자료 2-14. 분양알리미

분양알리미는 아파트 분양정보 알림 기능이 있고, 분양아파트 정보를 분석해준다. 또한, 청약경쟁률 정보를 알려주고, 분양공고를 일자별·지역별로 검색할 수 있다. 분양아파트별 청약 투자 가치를 분석해주고, 미분양권 정보도 볼 수 있다.

자료 2-15. 땅야

　땅야는 전국 토지 실거래가를 조회해주고, 토지 시세 및 가격 추이 트렌드를 조회할 수 있다. 토지 공시지가 조회 및 공시지가 실거래가를 살펴볼 수 있고, 토지 거래가격 및 땅 실거래 가격 기준 인근 매물정보도 확인할 수 있다. 임야, 대지, 공장부지, 전 등 용도별 매물정보도 아울러 볼 수 있다.

자료 2-16. 코리아닥스

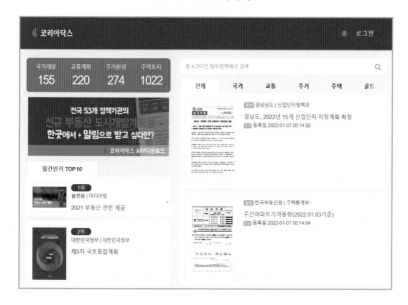

코리아닥스는 신규 부동산 개발 정책 알림 기능이 있으며, 도로 건설 및 교통개발계획을 제공한다. 정책문서 바로 보기 기능도 지원하며, 전국 시·군 도시 기본계획을 제공한다. 고속도로 증설 및 철도 개발계획, 전국 공원녹지 기본 및 정비계획, 철도망 구축계획, 주거환경 정비계획도 살펴볼 수 있다. 국토종합개발계획(1차~6차)을 제공하며, 해안권 발전종합계획(해양 개발계획), 관광 개발계획 등을 볼 수 있다.

자료 2-17. 네모

　　네모는 상가, 사무실, 점포, 공유오피스 등 창업을 위한 다양한
매물 정보를 제공한다. 또한, 빅데이터 기반의 상권분석과 주변
시세 확인, 그리고 상업용 부동산 실거래가를 확인할 수 있다. 매
물 주변 상권을 비교해주고, 인기 업종과 매출 정보를 분석한다.
주요 연령대 및 유동인구를 확인할 수 있고, 직거래 매물 등록도
가능하다.

자료 2-18. 경매알리미

경매알리미 사이트는 전국 58개 법원 부동산 경매 정보를 실시
간 제공한다. 신규(신건) 경매 등록 시 알림 기능이 있고, 내 관심
경매 지역을 필터 설정할 수 있다. 전국 지도를 통해 경매 물건을
빨리 검색할 수 있고, 빅데이터 분석을 통해 경매 리스크를 분석
하고, 경매 관심 트렌드를 알려준다. 경매 물건별 권리분석 신청
및 조회가 가능하고, 낙찰 유력한 경매 목록 선별 기능이 있으며,
인기 경매 물건 보기 기능이 있다.

자료 2-19. 온비드

　온비드는 국가기관, 지방자치단체, 공공기관, 금융기관 등에서 처분하는 부동산, 자동차, 기계장비, 유가증권, 물품 등(사자, 사슴, 다이아몬드, 금괴, 헬리콥터, 그림 등 다양하고 특이한 물건도 거래함)의 공매 정보와 입찰 서비스를 제공하는 시스템이다. 부동산, 동산/기타자산/, 부동산 수의계약, 동산 수의계약 등 용도별 검색이 가능하고, 지역별로도 검색이 가능하다.

자료 2-20. 토지이음

토지이음은 국토교통부에서 개별적으로 운영하던 토지이용규제, 도시계획서비스를 통합한 종합 포털이다. 기존에는 '토지이용규제 포털서비스(LURIS)'와 '도시계획정보 포털 서비스(UPIS)'로 나누어서 제공해왔지만, 이제는 토지이음만으로 모든 정보를 확인할 수 있다. 토지이용계획 및 도시계획은 해당 지역의 지번을 입력하면 지정 현황, 행위제한 내용을 볼 수 있고, 도시계획 등을 아울러 살펴볼 수 있다. 또한, 고시정보를 확인할 수 있고, 용어사전을 통해 부동산과 관련된 각종 용어와 해설을 검색해서 볼 수 있다.

03

어플, 사이트만 잘
활용해도 부동산 전문가

앞서 부동산과 관련된 다양한 사이트를 소개했는데, 여기서는 부동산지인, 아실, 이 두 사이트에 집중해서 살펴보려고 한다. 부동산 어플과 사이트만 잘 활용해도 우리는 똑똑하고 현명한 투자를 할 수 있다.

자료 2-21 부동산지인 메뉴 상단을 보면 지역 분석, 아파트 분석, 빅데이터 지도, 경제 지도, 지인 빅데이터, 수요/입주 등을 볼 수 있다. 먼저 지역 분석은 지역의 시장 강도, 거래량, 수요/입주, 미분양 등 지역 현황 파악 및 분석을 할 수 있다. 아파트 분석은 아파트 정보를 다양한 조건으로 검색하고, 관심 아파트를 비교 분석할 수 있다. 빅데이터 지도는 지역·아파트 분석 정보를 지도에서 확인할 수 있고, 경제지도는 지역의 소상공인 비율, 국민연금, 소득을 지도에서 확인할 수 있다. 지인 빅데이터는 Top 10, 거래

량, 미분양, 전출입, 인구/세대 등 상세 빅데이터를 볼 수 있으며, 수요/입주에서는 수요와 입주 정보는 물론이고, 지역 간 입주세대를 비교 분석해준다.

다음의 자료 2-22는 지역분석 메뉴의 부산 멀티차트 현황이다. 차트는 후행이라 분석할 필요가 없다는 편견을 버리고, 이러한 차트를 자주 확인하며, 과거와 현재를 파악하고, 미래를 예측해보는 것도 좋다. 이 차트를 보면 부산 지역 아파트의 시세와 시장 강도를 살펴볼 수 있다. 아파트 실거래 가격을 기반으로 매물의 최고, 최소값을 반영하고, 면적, 세대수별 비율로 가중치를 두어 시세를 산정한다. 시장 강도는 상승기, 조정기, 하락기로 구분해 시장의 상승 또는 하락의 강도를 예상할 수 있다.

자료 2-22. 시세, 시장 강도

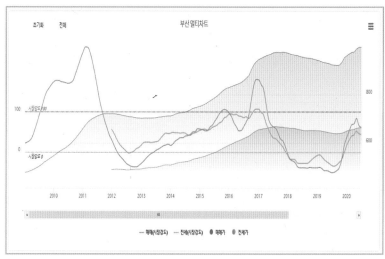

출처 : 부동산지인

거래량도 볼 수 있는데, 계약일 기준으로 그 달의 거래량을 볼 수 있다. 실거래 신고가 60일에서 30일로 변경되어 좀 더 빠르게 거래량을 알 수 있다. 부동산 상승기에는 거래량이 증가하며 가격이 상승하기 때문에 가격과 거래량 동향을 빨리 파악할 수 있다면 확신하고 매수에 나설 수 있다.

자료 2-23의 하단 이미지는 매입자 거주지별 상세거래량인데, 지역 내 시·군·구는 해당 아파트와 같은 구 거주민이 매입한 건수다. 지역 내 시·도는 해당 아파트의 같은 지역 다른 구에서 매입한 건수다. 지역 외 기타는 서울을 제외한 타 지역 거주민이 매입한 건수다. 지역 외 서울은 서울 거주민이 매입한 건수다.

자료 2-23. 거래량 및 매입자 거주지별 상세거래량

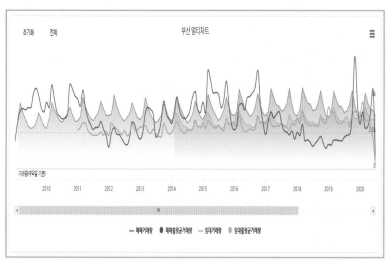

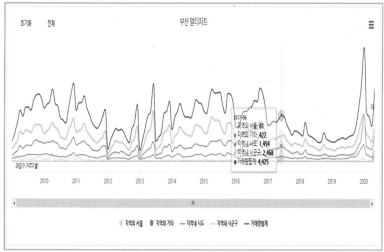

출처 : 부동산지인

자료 2-24. 수요/입주

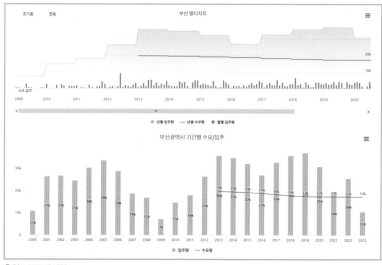

출처 : 부동산지인

　수요/입주를 통해서는 지역에 공급되는 아파트 세대수와 구매를 원하는 수요를 확인할 수 있다. 자료 2-24의 차트에서 보이는 빨간 선은 연별 수요량이다. 빨간 선을 기준으로 연별 입주량과 월별 입주량을 비교해볼 수 있다. 필요 수량을 알면 과다, 과소 공급을 추측할 수 있고, 앞으로의 미분양을 예측할 수 있다.

　한편 미분양 차트에서는 정당계약일(분양계약금 납입일) 3일 후부터 미분양으로 분류된 것과 준공 후 미분양 물량 합계를 볼 수 있다. 준공 후 미분양된 것은 완공됐지만, 분양이 완료되지 않은 악성미분양으로 과거부터 누적된 합이다.

자료 2-25. 미분양

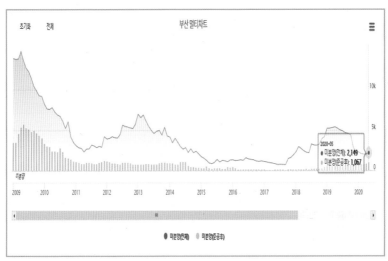

출처 : 부동산지인

　사이트를 분석하는 차원에서 차트를 하나하나 살펴봤지만, 부동산지인에서는 주요지표에서 보고 싶은 내용을 골라서 체크하면 한 지역의 주요지표를 한 번에 확인할 수 있다. 예를 들어 차트상 시장 강도가 약하고 시세가 낮으면, 거래량도 떨어지고, 수요량 대비 입주량이 많아지며, 미분양 물건도 늘어난 것을 볼 수 있다. 물론, 매 투자 시 차트를 맹신할 필요는 없다. 하지만 근거자료로 항상 확인하는 습관을 들이도록 하자.

　한편 아실은 아파트 실거래가, 분양정보, 매물, 부동산 빅데이터를 볼 수 있는 사이트다. 아실은 '아파트 실거래가'의 줄임말로, 아파트 가격을 원하는 다양한 기준에 따라 편하고, 직관적으로 확

인할 수 있는 사이트다. 자료 2-26에서 상단의 파란색 메뉴 부분을 보면, 순위분석, 가격분석, 인구변화, 입주물량, 분양, 정책, 개발이슈 등을 알아볼 수 있다. 순위분석은 지역의 아파트를 가격순으로 정렬해서 분석했고, 가격분석은 지역의 매매/전세 변동률을 볼 수 있다. 인구변화는 지역의 전입/전출 및 인구 증감을 살펴볼 수 있고, 입주물량은 지역의 입주 단지 및 물량을 확인할 수 있다. 분양은 지역 분양 예정 단지를 알 수 있고, 정책은 정부의 부동산 정책 및 지역별 정책현황을 소개하며, 개발이슈에서는 지역별 재개발/재건축 및 개발호재 등을 찾아볼 수 있다.

자료 2-27. 최고가 APT

출처 : 아실

　이 외에도 더보기를 클릭하면, 다양하게 아파트를 분석할 수가
있는데, 자료 2-27을 보면 최고가 APT를 알 수 있다. 해당 시·군·
구·동을 지정하면 지역의 최고가 아파트를 평형별, 기간별, 매매/
전세로 정렬해서 볼 수 있다.

자료 2-28. 갭 투자 증가지역

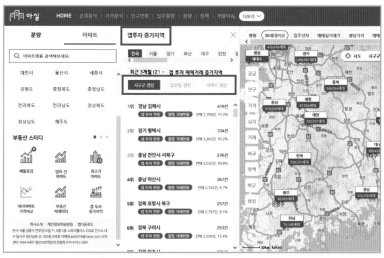

출처 : 아실

갭 투자 매매거래가 증가한 지역도 살펴볼 수 있는데, 시·군·구, 읍·면·동, 아파트 랭킹별로 정렬해서 볼 수 있다. 갭 투자란 매매가격과 전세가격의 격차가 작을 때 그 차이만큼의 돈만 있다면 집을 매수한 후 직접 그 집에 사는 것이 아니라 임대주택으로 공급해 집값이 오르게 되면 매도해 차익을 실현하는 투자법이다. 전세가율, 즉 주택 매매가격에 대비한 전세가격의 비율이 높을수록 갭 투자가 증가한다. 이렇게 갭 투자에 관심 있으신 분들이라면, 아실의 갭 투자 증가지역을 통해 거래가 어떻게 됐는지 등을 확인해볼 수 있다.

자료 2-29. 거래 잘되는 APT

출처 : 아실

거래가 잘되는 아파트는 사람들이 많이 산 아파트로, 거래가 많은 아파트 단지를 지역별로 정렬해서 볼 수 있다. 부동산은 사는 것뿐만 아니라 파는 것도 중요하기 때문에 거래가 잘되는 아파트를 매수하는 것이 중요하다.

자료 2-30. 일별거래현황

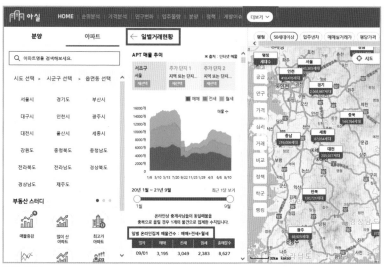

출처 : 아실

　　더보기-매물증감을 누르고, 해당 구에서 일별 매물현황을 클릭하면 일별거래현황이 나온다. 일별 온라인집계 매물건수(매매+전세+월세)를 확인할 수 있다. 원하는 지역을 선정해서 아파트 단지별 비교도 가능하다. 예를 들어 서울 서초구를 보고 싶을 경우 서울 서초구를 클릭하고, 2개 단지를 추가해서 단지별 매물 비교가 가능하다.

자료 2-31. 필터링 기능

출처 : 아실

그 외 학군을 비교할 수 있고, 외지인 투자 증가지역도 알 수 있으며, 두 개 단지 또는 여러 아파트를 가격 비교하는 기능도 있다. 자료 2-31을 보면, 필터링 기능을 활용해서 평형, 세대수, 가격, 매물, 갭 등을 지정 필터링해서 원하는 아파트만 표시할 수도 있다.

이렇게 빅데이터를 활용한 어플, 사이트만 잘 활용할 줄 안다면 내 집을 마련해야 할 실거주자도, 부동산 초보자도 어렵지 않게 투자할 수 있다. 다음 챕터에서는 지금까지 언급한 내용을 활용해서 빅데이터를 활용한 미래전망을 예측해보도록 하겠다.

04

빅데이터를 활용한 미래전망 예측해보기

투자 방식에는 탑다운(TOP DOWN) 방식과 바텀업(BOTTOM UP) 방식이 있다. 탑다운 방식은 위에서 아래, 즉 숲을 보고 나무를 보는 투자 방식이다. 경기 국면을 살피고, 정책을 보며, 지역을 찾아본 뒤 물건을 보는 것이다. 바텀업 방식은 나무를 보고 숲을

자료 2-32. 탑다운 방식과 바텀업 방식

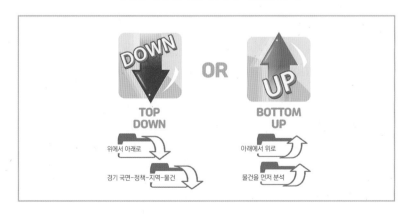

보는 투자 방식으로 물건을 먼저 분석하고, 차근차근 지역, 정책, 경기 등 위로 올라가면서 살피는 것이다. 바텀업 방식의 대표적인 예로는 경매 투자가 있다. 여기서는 지역을 중심으로 해서 탑다운 방식으로 살펴보려고 한다.

자료 2-33은 탑다운 방식으로 부동산에 투자하는 순서를 나타낸 것이다. 먼저 지역선정, 지역분석, 물건선정·분석, 현장확인 등 총 4가지로 구분했다.

첫째, 지역을 선정할 때는 매도세/매수세를 파악하고, 상승 에너지가 있는지, 인구는 어떻게 이동하고 있는지, 수요·공급은 어떻게 이루어지고 있는지를 알아봐야 한다.

자료 2-33. 부동산 투자 순서

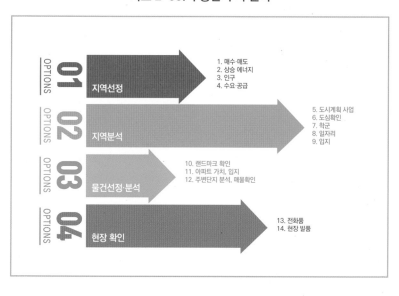

우선 매도세/매수세를 보려면, 아실에서 지역을 선택하고, 심리 버튼을 누른다. 예를 들어 자료 2-34는 울산의 주택가격심리지수인데, 왼쪽의 차트를 보면 초록색은 매도세, 주황색은 매수세다. 매도세와 매수세의 갭이 약간 벌어진 것을 볼 수 있다.

자료 2-34. 지역선정 - 매수매도 심리 확인

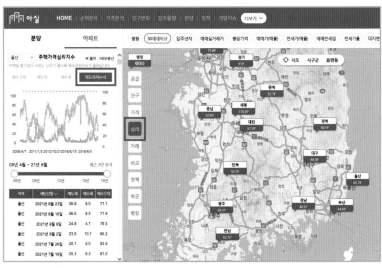

출처 : 아실

상승할 수 있는 에너지가 있는지 확인하려면 다양한 요소를 따져봐야 하지만, 쉽게는 부동산지인 사이트를 통해서도 살펴볼 수 있다. 예를 들어 울산을 선택하고, 주요지표에서 시장강도/시세를 체크하고 멀티차트 현황을 보자. 선행지표인 매매(시장강도)와 전세(시장강도)가 꺾이고 있는 모습을 볼 수 있다. 그렇다면 울산의 매매가격과 전세가격은 떨어지지 않을까 예측할 수 있다. 하지만

부린이 탈출을 위한 **부동산 투자 입문서**

차트만 믿고 꼭 그렇다고 단정하지는 말고, 다양한 요소를 따져보고, 판단하는 습관을 들이자.

자료 2-35. 지역선정 - 상승 에너지 확인

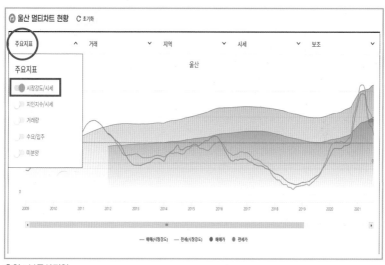

출처 : 부동산지인

인구 이동을 분석할 때는 자료 2-36의 아실에서 인구변화를 클릭하면, 지역별 인구수 변화와 인구이동(전입/전출) 세대를 볼 수 있다. 부동산지인에서는 지인빅데이터-인구/세대수를 클릭하면, 인구/세대수 현황 및 변화 추이를 살펴볼 수 있다. 인구 이동의 흐름이 어떤지, 인구수는 어떻게 변화하는지를 알아보는 것은 지역을 선정할 때 꼭 확인해야 할 요소다.

자료 2-36. 지역선정 - 인구 이동 분석

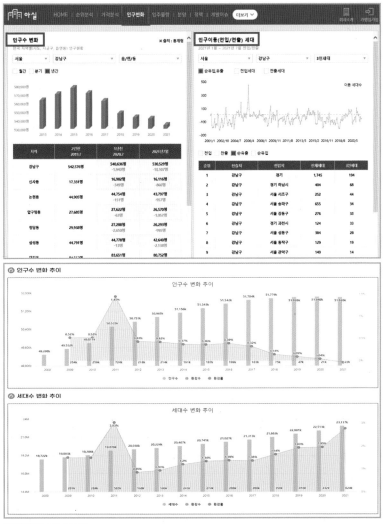

출처 : 아실, 부동산지인

　　수요와 공급을 살펴보기 위해서는 지역별로 공급이 어떻게 되고 있는지, 미분양 현황은 어떤지 등을 확인해볼 필요가 있다. 아실에서는 입주물량을 클릭하면 지역별 아파트 입주물량을 볼 수 있고, 부동산지인에서는 지역분석에서 해당 지역을 고른 후 멀티차트에서 주요지표의 미분양을 체크하면 미분양 현황을 볼 수 있다.

자료 2-37. 지역선정 – 지역별 공급 및 미분양 현황 확인

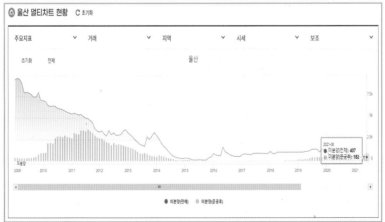

출처 : 아실, 부동산지인

둘째, 지역분석을 할 때는 도시계획 사업을 살펴보고, 도심을 확인하며, 학군과 일자리 및 입지 등을 살펴봐야 한다. 우선 도시계획 사업을 살펴볼 때는 도시개발계획 및 지역의 주요사업을 확인한다. 예를 들어, 울산은 울산광역시 홈페이지-도시/주택/토지-2035울산도시기본계획을 클릭한다. 그러면 첨부된 PDF 자료파일을 통해 울산도시기본계획을 확인할 수 있다. 이렇듯 지자체 홈페이지를 활용하는 방법도 있지만, 아실에서도 개발이슈를 통해 개발계획 등을 살펴볼 수 있다.

자료 2-38. 지역분석 - 도시개발계획 및 지역 주요사업 확인

출처 : 아실

도심을 확인하는 방법은 네이버 지도나 카카오맵을 열고, 지적편집도를 보면 된다. 자료 2-39를 보면, 분홍색은 상업지역, 파란

색은 공업지역, 초록색은 자연녹지지역, 노란색은 주거지역 등을 볼 수 있다. 상업지역이 몰린 곳을 도시의 중심부인 도심으로 볼 수 있으며, 신도시 및 구도심 등도 찾아볼 수 있다.

자료 2-39. 지역분석 – 신도시 및 구도심, 상업지역 확인

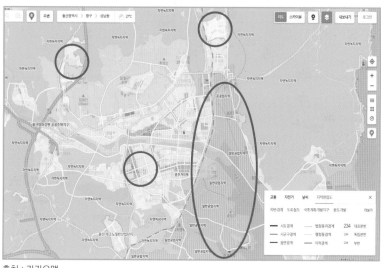

출처 : 카카오맵

학군은 아실의 더보기-학군비교를 통해 볼 수도 있고, 자료 2-40의 호갱노노-학원가에서도 확인할 수 있다. SGIS 통계지리정보서비스에서도 볼 수 있는데, 활용서비스-업종통계지도-업종밀집도 변화-교습학원을 클릭하면, 학원가가 밀집한 지역을 볼 수 있다. 좋은 학군 지역의 주택을 매입하는 것도 현명한 부동산 투자 방법이다.

자료 2-40. 지역분석 - 학업성취도 및 학군파악

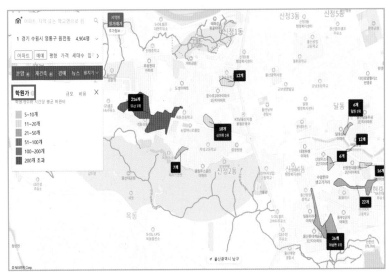

출처 : 호갱노노

자료 2-41. 지역분석 - 일자리

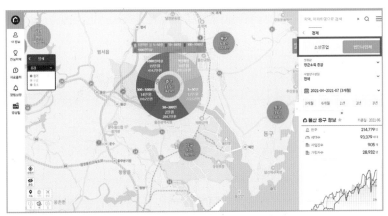

출처 : 부동산지인

　부린이 탈출을 위한 **부동산 투자 입문서**

일자리와 관련해서는 앞의 자료 2-41 부동산지인에서 빅데이터지도-경제를 클릭하면, 소상공업 매장수와 법인사업체 사업장수와 가입지수 등을 볼 수 있다. 사람들이 강남에 관심을 두는 대표적인 이유는 강남에 양질의 일자리가 많기 때문이다. 일자리가 많으니 가까운 곳에 거주하려고 하는 선호도가 높고, 출퇴근을 위한 교통 및 편의시설 등의 인프라가 늘어날 수밖에 없다.

지역을 분석할 때는 입지와 교통을 보는 것도 빼놓을 수 없는데, 네이버지도나 카카오맵을 열고 주변에 지하철이 있는지(역세권 파악), 관공서나 각종 인프라가 잘 갖추어져 있는지 등을 파악하는 게 중요하다. 또한, 로드뷰를 통해 반드시 주변 환경도 체크해봐야 한다.

자료 2-42. 지역분석 - 입지 및 교통

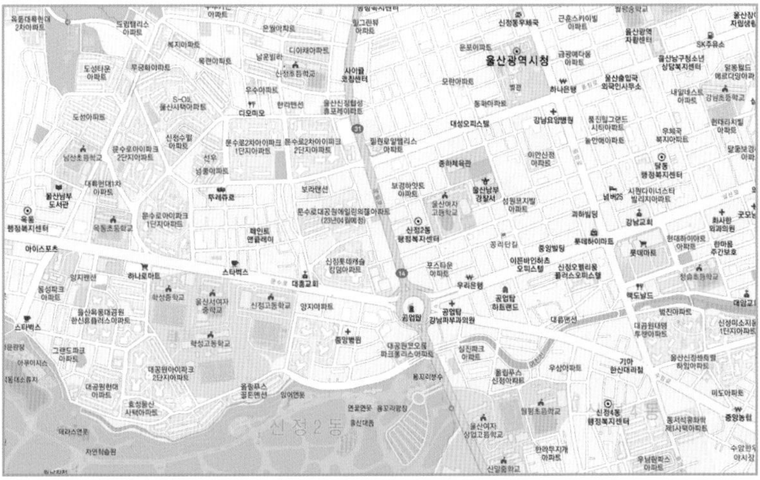

출처 : 카카오맵

출처 : 카카오맵

　셋째, 물건선정, 분석은 랜드마크, 즉 시세를 견인할 수 있는 대
장 아파트를 확인하고, 아파트 가치와 입지를 분석하며, 주변 단
지 분석 및 매물을 확인해야 한다.

　대장 아파트를 보는 방법은 아실-더보기-최고가 아파트를 누
르면, 아파트 최고가 순위로 정렬이 된다. 신축에 브랜드가 더 좋
은 아파트가 분양되지 않는 한 이 순위는 잘 변하지 않는데, 지역
의 대장 아파트를 파악하는 것은 시세의 기준을 알 수 있으므로
중요하다. 대장 아파트의 시세를 통해서 주변 아파트의 시세 변화
를 읽어낼 수 있기 때문이다.

　또한, 아파트 가치 및 입지를 분석하고, 주변 단지의 매매가격
과 전세가격을 파악하는 등 매물을 확인하는 것이 물건선정과 분
석에 중요하다. 이렇게 손품으로 부지런히 찾아본 뒤에는 현장을

자료 2-43. 물건선정, 분석 - 랜드마크 및 가격 비교

자료 2-43. 물건선정, 분석 - 랜드마크 및 가격 비교

출처 : 아실

확인해야 한다.

넷째, 현장확인에서는 부동산 중개사무소 소장님과 전화로 매물 및 분위기를 파악하고, 직접 현장에 발품을 팔러 가야 한다. 이때 현명한 임장을 하기 위해서는 현장 방문 전 네이버지도나 카카오맵의 거리뷰를 통해 지역을 충분히 눈으로 익혀야 한다. 그러면 3번 임장 갈 것을 1번 가는 것만으로도 충분히 많은 것을 얻을 수 있다. 또한, 맘카페 등을 활용해 심리, 분위기를 파악하고, 매수자와 매도자 임장을 병행해서 우위 시장을 확인하면 협상에 유리하다. 매수는 추격 매수가 아닌 쌀 때 사는 것을 기본으로 하며, 관심단지가 있다면 매물 알람을 적극적으로 활용해 항상 모니터링하자. 투자를 한 단지라면, 당연히 매물 알람을 등록해 계속 흐름을 파악하자.

개발호재 등 상승 여력이 있는 지역, 현재는 안 좋지만 좋아질 지역을 적극적으로 공략하는 것도 현명한 부동산 투자가 될 수 있다. 초보 부동산 투자자의 경우 살 때만 신경 쓰는 경우가 많은데, 팔 때를 미리 염두에 두고 플랜을 짜야 한다. 부동산은 지금이 아닌 미래 가치에 투자하는 것이기 때문이다.

부동산의 역사는 반복된다. 다양한 빅데이터 자료를 활용해 차트 등 과거의 흐름을 꼼꼼하게 분석한 뒤 투자하자. 단, 맹신은 금물이다. 또한, 부동산 투자는 이론보다는 경험하는 게 중요하고, 꾸준히 하는 것이 핵심이다.

PART 03

투자 유망 지역 찾는 법

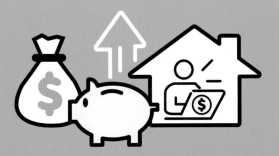

01

도시 이해하기

한 지역을 투자할지, 말아야 할지를 분석하는 데 있어 중요한 요소로는 공급물량을 우선 살펴볼 수 있다. 수요 대비 공급물량이 많으면 매매가격이 내려가고, 공급물량이 부족하면 매매가격이 올라갈 가능성이 크다. 그런데 서울이 공급물량이 부족하다고 하는데, 경기도는 공급물량이 많다면 이것을 어떻게 파악해야 할까? 그래서 우리는 투자에 앞서 도시를 먼저 이해해야 한다.

도시는 사람들이 모여 사는 공간이다. 그 도시의 한 부분이 부동산이다. 그런데 우리는 부동산을 투자로만 접근한다. 부동산을 제대로 이해하려면 사회적 현상을 들여다보고, 사람들의 심리를 파악해야 한다. '투자로 돈을 벌어야지' 하는 데만 집중하면 시야가 좁아질 수밖에 없다.

다음의 자료 3-1은 서울 강서구 마곡지구다. 여기서 대장 아파트는 더블 역세권에 공원을 끼고 있고, 초등학교도 근처에 있는 마곡엠밸리 7단지다.

　하지만 여기서는 브랜드가 좀 약하지만, 가격은 반값이면서 같은 인프라를 공유할 수 있는 7단지 맞은편의 경남 아파트와 신안 아파트를 보자. 2017년부터 2020년까지 마곡지구 3년간 시세 변동률을 살펴보면, 7단지, 경남 아파트, 신안 아파트 중 어느 아파트가 가장 많이 올랐을 것 같은가? 7단지가 가장 많이 올랐을 것 같지만, 실제로는 경남 아파트가 가장 많이 올랐다.

자료 3-1. 서울 강서구 마곡지구

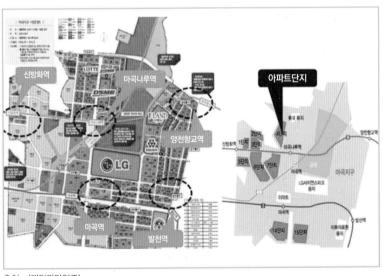

출처 : 〈메디칼타임즈〉

자료 3-2를 보면 경남 아파트는 103.6%, 7단지는 91.9%, 신안 아파트는 79.5%다. 사실 어느 특정 아파트만 오른 게 아니고, 지역 전체가 고르게 상승했다. 자료 좌측에는 1단지와 3단지가 있는데, 이 중에서는 초등학교가 가까운 1단지 아파트 시세가 좀 더 상승했다. 이를 통해 알 수 있는 것은 입지의 중요성이다. 입지를 살펴보면서 오를 곳인지, 안 오를 곳인지를 판단해야 한다.

자료 3-2. 마곡지구 3년간 시세 변동률(2017. 1~2020. 12)

출처 : 직방

2010~2013년 부동산 침체기에 서울시는 어느 특정 구만 부동산 가격이 떨어진 것이 아니라 전체적으로 하락했다. 2006년~2007년 당시 '강남 불패'라는 말이 유행했는데, 이 시기에는 강남구도 많이 하락했다. 우리가 지금은 다 잊고, 서울이 영원히 오를 것 같지만 역사는 반복된다는 사실을 잊으면 안 된다. 부동산 가격이 오르고 떨어질 때는 도시 전체가 같이 움직인다. 그래서 우리는 도시를 이해해야 한다.

자료 3-3. 서울 침체기(2010. 1~2013. 12)

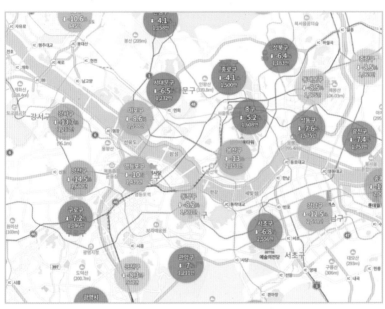

출처 : 부동산지인

도시는 인구가 많이 밀집해 있고, 사회적·경제적·정치적 활동의 중심이 되는 장소다. 도시를 나누는 방법은 크게 2가지로 나뉜다.

첫 번째, 인구로 도시를 나눈다. 통상 인구가 100만 명이 넘으면 광역시로 볼 수 있다. 우리나라는 수도인 서울특별시를 비롯해 6개의 지방 광역시, 세종특별자치시와 9개의 도로 나뉘어 있는데, 도는 광역시와 규모가 비슷하다.

자료 3-4. 우리나라 도시 규모와 특징

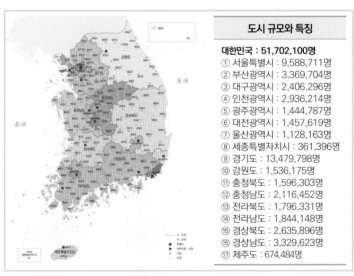

도시 규모와 특징

대한민국 : 51,702,100명
① 서울특별시 : 9,588,711명
② 부산광역시 : 3,369,704명
③ 대구광역시 : 2,406,296명
④ 인천광역시 : 2,936,214명
⑤ 광주광역시 : 1,444,787명
⑥ 대전광역시 : 1,457,619명
⑦ 울산광역시 : 1,128,163명
⑧ 세종특별자치시 : 361,396명
⑨ 경기도 : 13,479,798명
⑩ 강원도 : 1,536,175명
⑪ 충청북도 : 1,596,303명
⑫ 충청남도 : 2,116,452명
⑬ 전라북도 : 1,796,331명
⑭ 전라남도 : 1,844,148명
⑮ 경상북도 : 2,635,896명
⑯ 경상남도 : 3,329,623명
⑰ 제주도 : 674,484명

출처 : 국토환경정보센터(지도), 통계청(2021년 4월 기준 자료)

매매가격을 살펴볼 때는 각 지역을 비교하면서 볼 수 있다. 자료 3-5를 보면 서울, 부산, 대구는 각각 다르게 움직인다. 서울이 움직일 때 부산은 보합세, 대구는 하락세다. 그러다가 2008년쯤 서울의 매매가격이 떨어진 뒤 부산의 매매가격이 올라가기 시작한다. 이때 흐름을 잘 읽을 수 있었다면 서울에서 빠져나와 부산에 투자해서 수익을 극대화할 수 있었을 것이다.

자료 3-5. 서울·부산·대구 아파트 매매가격 지수

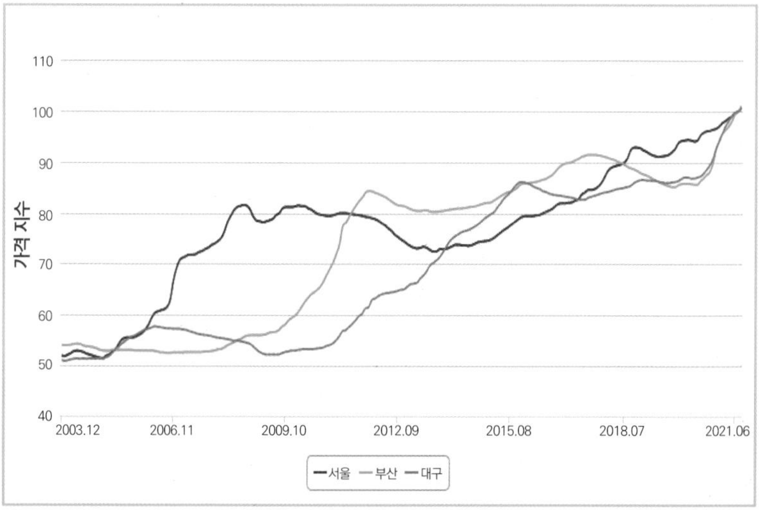

출처 : 한국감정원

두 번째, 행정구역으로 도시를 나눌 수 있다. 지역명은 무엇인지, 범위는 어디인지 알고 싶다면 카카오맵에서 지적 편집도로 살펴볼 수 있다.

자료 3-6. 지적 편집도

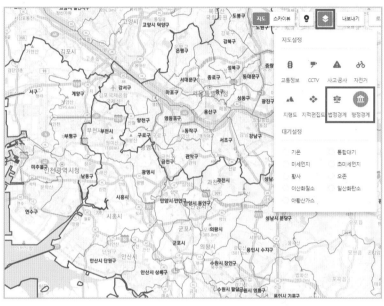

출처 : 카카오맵

도시들이 뭉쳐서 하나의 권역을 이루는데, 우리나라는 총 7개의 권역으로 나뉜다. 예를 들면 서울, 경기, 인천을 하나로 묶어 '수도권'으로 보는데, 서울의 시세가 오를 때 수도권도 다 같이 오르는 경향이 있다. 서울, 경기, 인천순으로 순서는 약간 다르지만, 마치 한 개의 도시처럼 비슷하게 움직인다. 지방은 수도권과는 달리 권역 안에서도 격차가 있다. 그 이유는 생활권의 인식 때문이다. 서울은 좋은 주거, 일자리, 시설이 모두 집중되어 있다 보니 집값이 비싸다. 그래서 서울과 교통이 연결되거나 접근성이 좋아지는 지역은 서울을 따라 집값이 오를 것이라는 기대심리가 있어서 '호재'로 인식한다.

반면 지방은 교통이 좋아지면, 주거와 일자리가 분리되는 경향이 있다. 예를 들어 울산이 부산보다 일자리가 많은데, 광역철도 연장으로 교통이 개선되면서 사람들이 주거는 부산에서 할 가능성이 있다. 교통이 좋아져서 울산으로의 출퇴근이 용이하기 때문이다.

자료 3-7. 광역경제권(지리적 위치·경제적 특징)

수도권	지식정보산업 (금융, 문화콘텐츠 등)
서울	디지털 콘텐츠, 정보통신, 바이오, 금융기업 지원
경기	정보통신, 생명, 자동차, 부품·소재, 문화콘텐츠, 국제물류
인천	물류, 자동차, 기계금속, 정보통신

충청권	의약 바이오, 뉴IT (반도체, 디스플레이 등)
충북	바이오, 반도체, 이동통신, 차세대전지
충남	전자정보기기, 자동차 부품, 첨단문화, 농축산 바이오
대전	정보통신, 메카트로닉스, 바이오, 첨단부품·소재

호남권	신재생에너지, 친환경(청단)부품소재
전북	자동차기계, 생물, 대체에너지, 문화관광
광주	광산업, 정보가전, 자동차, 부품, 디자인문화
전남	생물, 신소재·조선, 물류 문화관광

강원권	의료융합, 의료관광
강원	바이오, 의료기기, 신소재, 방재, 문화관광

대경권	IT 융복합, 그린에너지
경북	전자정보기기, 생물·한방, 신소재부품, 문화관광
대구	메카트로닉스, 섬유, 전자정보기기, 생물 등

동남권	수송기계, 융합부품·소재
울산	자동차, 조선해양, 정밀화학, 환경
부산	항만물류, 기계부품, 관광컨벤션, 영상, IT
경남	지식기반기계, 로봇, 지능형 홈, 바이오

제주권	물 산업, 관광레저
제주	문화관광, 건강뷰티생물, 친환경농업, 디지털 콘텐츠

출처 : 제4차국토종합계획

02
입지를 분석하라!

입지의 유형

입지는 인간이 경제 활동을 하기 위해 선택하는 장소다. 입지 유형은 크게 3가지가 있는데 주거, 상업, 공업 입지로 나뉜다. 부동산에 입문해서 흔히 '입지가 좋냐? 안 좋냐?'를 따질 때 보는 것은 아파트를 중심으로 한 주거 입지다. 땅값이 비싼 곳은 상업 입지인데, 그 이유는 단위 면적 대비 건물을 높이 올릴 수 있기 때문이다.

좋은 일자리가 들어오면, 소득이 높아지고, 따라서 부동산 가격이 오른다. 이때 양질의 주거 입지가 수혜 지역이 된다.

자료 3-8. 부동산 입지의 유형

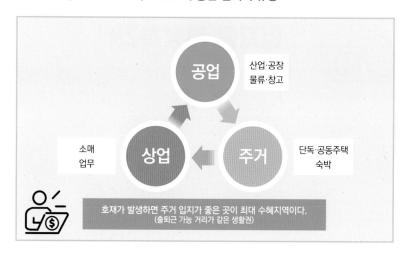

자료 3-9와 자료 3-10의 지적 편집도를 보면, 분홍색은 상업, 파란색은 공업, 노란색은 주거, 초록색은 녹지 공간이다. 이렇게 지적 편집도를 열어 색상만 봐도 입지 분석을 빠르게 할 수 있다.

자료 3-9. 네이버 지적 편집도

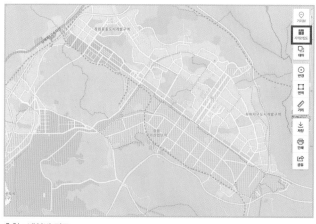

출처 : 네이버 지도

자료 3-10. 카카오맵 지적 편집도

출처 : 카카오맵

일자리

지적 편집도에서 보면, 파란색 부분에 일자리가 많을 것으로 예상된다. 일자리는 인구 유입의 주요 요인이며, 소득이 높고 선호도가 높을수록 좋다. 하지만 일자리가 늘어난다고 해서 전입신고상의 인구가 증가하진 않는다. 전입신고상의 인구가 늘어나려면 아파트가 많이 들어서야 한다.

공업 입지에 좋은 일자리가 많이 있다고 해도 결국 수혜 지역은 출퇴근 가능 거리 내 주거 입지가 좋은 지역이다.

교통

교통은 도로, 철도, 공항이 대표적인데, 과거엔 도로였다면 현재는 철도가 중심이다. 교통에서 중요한 것은 일자리, 주거지, 상권 접근성이다. 보통 주차난이 심하고 교통 체증이 클수록 대중교통 이용도가 높은데, 지방은 교통 체증이 심하지 않은 지역이 많아서 역세권이 크게 중요하지 않다. 예를 들어, 서울은 강남으로 연결되는 지하철 노선이 으뜸이다. 하지만 광주나 대전 같이 지하철이 아직 촘촘하게 연결되지 않은 지역은 역세권을 선호하는 게 아니라 다른 입지 조건을 더 중요하게 여긴다.

학군

학군이 좋은 데는 양질의 학원가가 있는 곳이다. 또한, 좋은 중학교로 갈 수 있는 초등학교와 접근성이 가까운 지역이다. 흔히 말하는 '초품아'도 해당된다. 학군은 불경기의 부동산 가격 하락에서도 크게 영향을 받지 않는 요소다. 집값이 내려도 학업의 연속성으로 인해 자녀를 둔 부모들이 이사 갈 수 없기 때문이다.

학원가는 자료 3-11을 보면, 호갱노노 사이트의 학원가를 클릭해서 살펴볼 수도 있고, 통계청의 통계지리정보서비스에서 활용서비스-업종통계지도-업종밀집도변화-교육-교습학원을 통해 알아볼 수도 있다.

자료 3-11. 학원가 검색

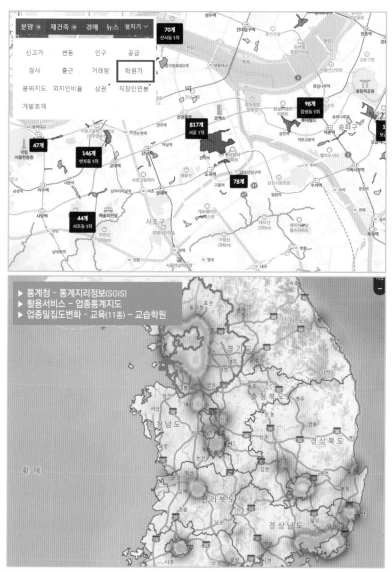

출처 : 호갱노노, 통계청

자연환경

최근에는 바다, 호수, 강, 하천 등 조망권도 중요하게 여기고 있다. 또한, 미세먼지로 인해 숲이나 공원 등도 선호되고 있다. 부산을 예로 들면, 경사지가 많다 보니 지형적으로 평지를 선호하고, 바다가 보이는 조망을 좋아하는 경향이 뚜렷하다.

상권·편의시설

예전에는 대형 마트, 대형 쇼핑 시설, 백화점 등이 가까운 곳을 선호했으나 최근에는 온라인 쇼핑이나 배달 앱 등이 발달하면서 변화하고 있다. 앞으로 많이 뜰 곳으로 예상되는 지역은 복합의료시설이나 병원 등이 가까운 곳으로 보인다.

밀집도

아파트 단지는 세대수가 많은 게 좋지만, 세대수가 적더라도 주변에 세대수가 많은 아파트가 가깝게 있다면 좋은 인프라를 공유할 수 있다. 인구가 밀집된 지역은 개발도 잘되고, 상권도 다양하게 형성되며, 교통도 좋다. 따라서 입지도 좋아질 수밖에 없다.

입지 등급

입지도 등급이 있다는 사실을 아는가? 시·군·구별로 같은 조건이라도 선호도가 높은 지역이 있고, 이는 '평당 가격' 순위로 반영되어 나뉜다. 부동상 상승장에서 상급지는 먼저 움직이며, 많이 상승한다. 서울 강남구, 부산 해운대구, 대구 수성구를 예로 들 수 있다. 반면 하급지는 늦게 움직이며, 적게 상승한다.

부동산 하락장에서는 상급지의 경우 초기에는 많이 오른 지역은 하락 폭이 크다. 특이한 점은 후기에는 어느 정도 저점에 이르면 매수 수요가 발생해 먼저 상승장으로 진입하기도 한다. 하급지는 초기에 적게 오른 만큼 하락 폭이 작다. 후기에는 매수 수요가 적고, 상승장에 늦게 진입하는 특징이 있다.

그렇다면 입지 등급은 어떻게 볼 수 있을까? 자료 3-12와 같이 부동산지인 홈페이지에 들어가서 지역분석을 누르고, 내가 원하는 지역을 클릭한다.

자료 3-12. 지역 분석

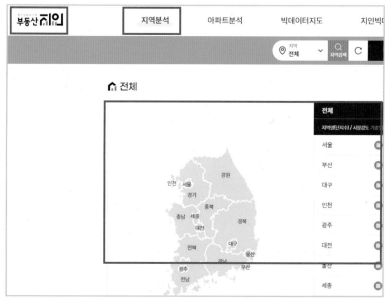

출처 : 부동산지인

예를 들어 서울은 총 25개 구인데 5개 구씩 묶어서 생각할 수 있다. 상위 5개를 1급지로 본다면, 여기에 해당하는 구는 강남구, 서초구, 송파구, 용산구, 성동구다. 나머지 구도 5개씩 묶어서 총 5급지로 나누어 볼 수 있다. 자료 3-13은 서울의 25개 구를 시세-매매시세로 정렬한 것이다. 이 자료를 통해서 우리가 분석할 수 있는 것은 동작구, 영등포구, 종로구 등 3급지의 가격이 오른다면, 부동산 상승이 중반쯤 왔다는 것을 예상해볼 수 있다.

자료 3-13. 서울 25개 구(1~5등급)

선택	★	지역(단지수)	시장강도 매매	시장강도 전세	인구수	수요	입주	거래량 매매	거래량 전세	시세 매매수	시세 전세	전세율
⌷	☆	서초구 (265)	110 ↓	18 ↓	410,682	2,078	1,722	37(12.0%)	605(65.2%) ↑	7,779 ↓	3,473 ↓	44%
⌷	☆	강남구 (340)	90 ↓	38 ↓	533,286	2,699	756	30(7.7%)	746(55.4%) ↑	7,725 ↓	3,310 ↓	42%
⌷	☆	용산구 (106)	121 ↓	12	222,413	1,126	571	8(5.8%)	194(53.2%) ↑	6,282 ↑	2,819 ↓	44%
⌷	☆	송파구 (226)	18 ↓	-60	661,452	3,347	3,553	54(11.9%)	957(62.7%) ↑	5,924 ↓	2,726 ↓	46%
⌷	☆	성동구 (149)	64 ↓	43	285,137	1,443	29	10(3.5%)	435(57.2%) ↑	5,033 ↓	2,641 ↓	52%
⌷	☆	영천구 (177)	68 ↓	-21	446,478	2,259	428	19(5.6%)	486(65.1%) ↓	4,943 ↓	2,302 ↓	46%
⌷	☆	광진구 (111)	57 ↓	-15	340,494	1,723	173	12(8.8%)	201(63.2%) ↓	4,927 ↓	2,547 ↓	52%
⌷	☆	마포구 (226)	71 ↓	28	368,560	1,865	0	19(7.0%)	583(75.4%) ↓	4,770 ↑	2,464 ↓	51%
⌷	☆	강동구 (181)	38 ↓	42	461,972	2,338	333	27(6.9%)	837(67.4%) ↓	4,499 ↓	2,242 ↓	50%
⌷	☆	동작구 (134)	58 ↓	-10	385,490	1,951	640	21(7.5%)	370(59.3%) ↓	4,301 ↓	2,347 ↓	54%
⌷	☆	영등포구 (310)	71 ↓	14	376,884	1,907	1,359	37(10.5%)	439(56.6%) ↓	4,260 ↓	2,132 ↓	49%
⌷	☆	중구 (85)				618	28	5(5.4%)	142(65.1%) ↓	4,184 ↓	2,371 ↓	56%
⌷	☆	종로구 (83)				732	729	8(12.3%)	80(58.8%) ↓	3,999 ↓	2,316 ↓	58%
⌷	☆	강서구 (325)				2,902	1,238	32(6.8%)	878(91.7%) ↓	3,793 ↓	1,926 ↓	51%
⌷	☆	서대문구 (132)	37 ↓	-61	305,793	1,547	2,440	22(8.6%)	313(73.0%) ↓	3,662 ↓	2,015 ↓	54%
⌷	☆	동대문구 (179)	24 ↓	-5	337,881	1,710	1,048	30(10.3%)	349(67.4%) ↓	3,384 ↓	1,923 ↓	57%
⌷	☆	노원구 (229)	25 ↓	-15	510,527	2,584	0	51(7.2%)	859(60.6%) ↓	3,290 ↓	1,507 ↓	46%
⌷	☆	관악구 (129)	49 ↓	22	486,209	2,461	1,348	21(8.4%)	241(56.0%) ↓	3,194 ↑	1,896 ↓	59%
⌷	☆	성북구 (139)	15 ↓	-92	431,892	2,186	2,707	18(4.2%)	525(78.9%) ↓	3,174 ↓	1,811 ↓	57%
⌷	☆	구로구 (259)	85 ↑	30	396,221	2,005	2,647	34(8.2%)	480(70.4%) ↓	3,093 ↑	1,723 ↓	56%
⌷	☆	은평구 (166)	38 ↓	-7	472,640	2,392	1,476	23(7.4%)	462(78.2%) ↓	3,052 ↓	1,820 ↓	58%
⌷	☆	중랑구 (138)	65 ↓	-16	388,606	1,967	1,327	19(6.9%)	461(89.7%) ↓	2,894 ↑	1,665 ↓	57%
⌷	☆	도봉구 (135)	52 ↓	-11	316,631	1,602	0	19(5.5%)	352(67.7%) ↓	2,822 ↑	1,388 ↓	49%
⌷	☆	강북구 (72)	24 ↓	-52	298,074	1,508	419	8(4.7%)	215(92.7%) ↓	2,786 ↓	1,584 ↓	57%
⌷	☆	금천구 (91)	71 ↓	8	230,856	1,168	88	13(8.4%)	168(78.1%) ↑	2,774 ↓	1,587 ↓	57%

5분위 나누기 1~5등급

출처 : 부동산지인

아파트실거래가(아실)에서도 더보기-여러 아파트 가격 비교를 통해 입지 등급을 볼 수 있다. 경기도의 경우 거리는 약간 떨어져 있지만, 광명시, 용인시 수지구, 하남시 이 3개의 시가 매매가격이 비슷하게 움직이는 것을 볼 수 있다. 이렇듯 특별시, 광역시는 구·군 단위로, 도지역은 시·군 단위로 입지 등급을 나누어서 봐야 한다.

자료 3-14. 여러 아파트 가격 비교

출처 : 아실

2014년에서부터 2018년까지 과거 서울시 입지별 시세 변동률을 보면, 강남 3구(서초구, 강남구, 송파구)는 80~90%, 마용성(마포구, 용산구, 성동구)은 70~80%, 서중동(서대문구, 중구, 동대문구)은 60%, 노도강은(노원구, 도봉구, 강북구, 은평구)은 50%가 상승했다.

자료 3-15. 서울시 구별 매매시세 증가율

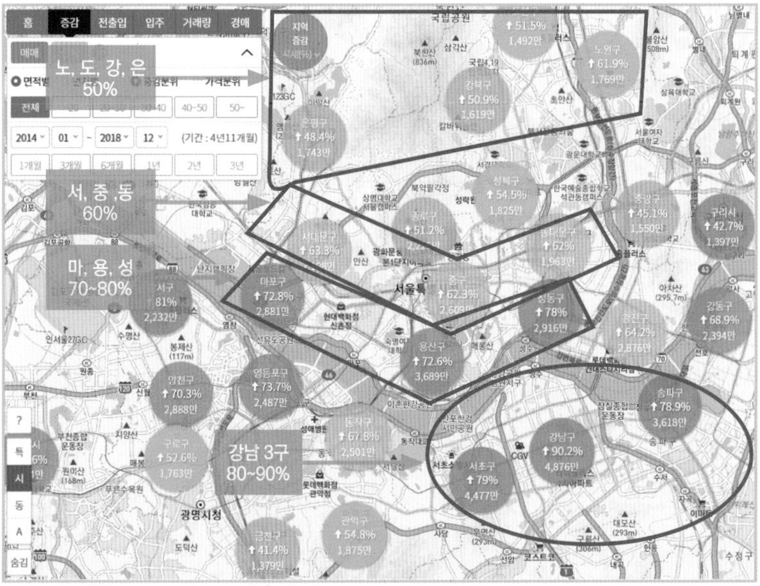

출처 : 부동산지인

부산의 경우 2012년부터 2017년까지 입지별 시세 변동률을 보면, 1급지인 해운대구와 수영구는 약 47%, 2급지인 금정구, 동래구, 연제구, 남구는 32~40% 상승했다. 3급지인 부산진구, 동구, 서구, 중구는 26~28%, 4급지인 사상구, 사하구, 영도구는 11~16% 상승한 것을 살펴볼 수 있다. 이렇듯 상승기에는 상급지가 가장 먼저 많이 오르고, 그다음 급지별로 순차적으로 따라간다.

자료 3-16. 부산시 구별 매매시세 증가율

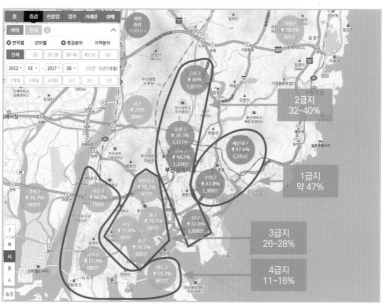

출처 : 부동산지인

따라서 투자를 할 때는 상급지인 A급, B급 입지가 많이 오를 것이므로 비싸더라도 선진입을 하는 것이 좋다. 하급지인 C급, D급 입지는 늦게 움직이고, 적게 오를 것이므로 경매나 급매를 통해 싸게 사서 수익률을 맞추는 것이 좋다.

자료 3-17. 부동산 입지별 투자 방안

03

개발호재는 무엇인가?

입지가 좋아지려면, 주변이 개발되어야 한다. 이러한 개발호재에서 중요한 것을 3가지로 꼽으라면 일자리, 교통, 시세를 견인할 주거시설(신축 아파트, 재개발·재건축)이다.

첫 번째로 가장 중요하면서 장기적으로 영향을 미치는 게 일자리다. 하지만 일자리는 시장의 흐름과 맞아떨어질 때 영향을 미친다. 예를 들어 강남이 일자리가 많아도 아파트 가격이 하락했던

자료 3-18. 알짜배기 개발호재

일자리 호재(장기적) → 인근지역 X, 주거입지가 좋은 지역
교통 호재
시세를 견인할 주거시설(단기적 반응 큼)
☞ 더 비싼 신축 아파트(가격 비교)
☞ 재개발, 재건축(가격 비교)
공원 조성 등의 자연환경 호재
백화점, 대형 쇼핑몰, 마트, 병원 등 편의시설 호재

적이 있다. 하지만 상승장이라는 시장의 흐름과 만났을 때 일자리가 풍부한 강남 지역의 아파트 가격이 많이 올랐다.

두 번째로 교통 호재를 볼 때는 주로 역세권인지, 아닌지를 본다. 역세권은 '지하철 개통이 주변 아파트 가격에 미치는 범위'를 말한다. 보통 지하철 역세권 범위는 지하철역에서 반경 540m로 보는데, 이러한 지하철을 포함한 철도의 분류는 자료 3-19와 같다.

지하철은 도시철도이고, 이 도시철도가 2개 이상의 광역시·도로 연결되면 광역철도라고 한다. 광역철도가 속도가 빨라지면 광역급행철도다. 고속철도와 초고속철도는 같은 의미로 사용되는데, KTX 등이 여기에 속한다.

자료 3-19. 철도의 분류

구분	의미	종류	최고속도 (km/h)
(초)고속철도	200km/h 이상으로 달리는 철도	KTX SRT	305
광역급행철도	- 2개 이상의 광역시·도 지역을 연결해서 운행되는 철도 - 100km/h 이상 고속 철도	GTX	200
일반철도	철 궤도와 철 차륜의 마찰을 주행 방식으로 하는 광범위한 운송수단을 일컫는 말이다.	새마을호 무궁화호	150 120
광역철도	2개 이상의 광역시·도 지역을 연결해서 운행되는 철도	신분당선	90
도시철도	도시·광역권 내부 지역 간의 교통을 담당하는 철도	- 지하철 - 경전철 - 노면전차(트램) - 모노레일	80

철도 호재와 관련해서는 네이버에서 '미래철도 DB'를 검색하면 지역별, 개통시기별로 구분해서 볼 수 있다. 지역별로 볼 때는 빨간색 동그라미는 구상단계, 노란색 동그라미는 계획단계, 초록색 동그라미는 시공단계인 것을 알 수 있다. 보통 시공단계만 해도 4~5년이 걸린다. 시장이 좋을 경우, 지하철 호재가 아파트 가격에 영향을 미치는 시기는 개통 6개월 전이다.

자료 3-20. 미래철도 DB

한편 개발호재는 네이버 부동산에서 개발 아이콘을 눌러서 볼
수도 있고, 호갱노노에서는 회원 가입을 해서 로그인한 뒤 개발호
재 아이콘을 눌러 확인할 수 있다.

자료 3-21. 개발호재 보기

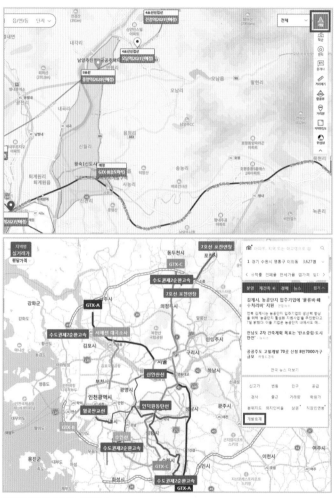

출처 : 네이버 부동산, 호갱노노

세 번째로 개발호재 중에서 당장 시장에 영향을 미치는 것은 신축 아파트다. 먼저 신축 아파트는 가격이 상승하면, 그 옆의 구축 아파트도 키 높이를 맞춰 따라 오른다. 또한, 새 아파트가 지어지면 인구가 유입되고, 자본이 들어오며, 학원가 등의 인프라가 좋아진다. 신축 아파트가 주변 아파트 가격을 견인하면서 좋은 인프라를 같이 누릴 수 있게 하는 것이다. 한편 재개발·재건축의 경우도 입지가 좋은 곳은 가격 견인을 해주면서 호재가 될 수 있다.

신축 아파트 분양 정보는 호갱노노나 청약홈, 네이버 검색에서 '지역+분양(ex : 서울 분양)'을 검색하면 알 수 있다. 재개발·재건축 정보는 KB부동산에서 아파트 분양권-아파트 재건축을 누르면 볼 수 있고, 호갱노노에서는 재건축, 네이버 부동산에서는 개발을 누르면 된다. 그 외에도 각 시·군·구청 홈페이지 등에서도 재개발·재건축 정보를 살펴볼 수 있다.

04

부동산 시장의 흐름을 파악하라

부동산 시장의 흐름을 파악할 때 중요한 데이터는 수요, 공급, 가격이다. 수요와 공급은 가격을 움직이고, 가격은 다시 수요와 공급을 움직이기 때문이다.

자료 3-22를 보면 아파트 10세대가 있다고 할 때 인구가 10세대라면 균형이 맞는다. 그런데 이곳이 살기 좋고 인구 10세대가 더 유입되면, 아파트는 10세대에 인구는 20세대이므로 아파트 가격이 오르게 된다. 가격이 오르면 공급이 증가되고, 아파트 가격이 비싸지니까 수요는 감소된다.

계속해서 공급이 증가되고, 수요가 감소하는 현상이 벌어지면, 결국 수요 대비 공급이 많아지니까 가격이 하락한다. 가격이 하락하면 싸니까 공급자 입장에서는 공급을 안 하게 되니 공급이 감소하고, 수요자 입장에서는 싸니까 사게 되어 수요가 증가한다. 이렇게 공급이 감소하고, 수요가 증가하는 상황이 계속되면 가격 상승이 일어나고, 다시 처음의 사이클로 반복이 된다.

자료 3-22. 수요, 공급, 가격의 관계

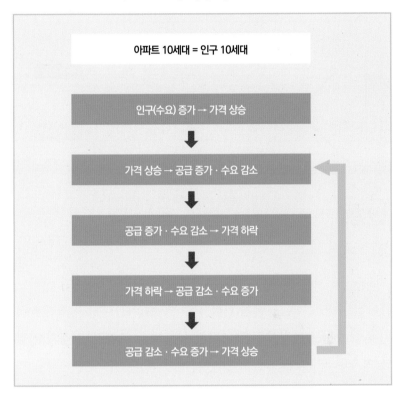

아파트 10세대 = 인구 10세대

인구(수요) 증가 → 가격 상승

가격 상승 → 공급 증가 · 수요 감소

공급 증가 · 수요 감소 → 가격 하락

가격 하락 → 공급 감소 · 수요 증가

공급 감소 · 수요 증가 → 가격 상승

이 상황을 종합하면, 결국 가격은 수요와 공급에 의해 결정되는 것을 알 수 있다. 또한, 가격은 시장 경제에서 수요와 공급을 조절하는 보이지 않는 손의 역할을 한다. 시장의 흐름은 수요와 공급, 가격이 만들어가는 것이다.

자료 3-23. 시장의 흐름을 만들어가는 수요, 공급, 가격

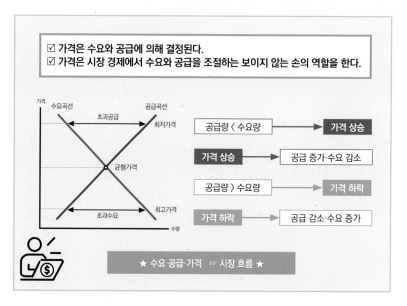

부동산을 바라볼 때는 투자자의 입장에서만 바라보면 시야가 좁아질 수 있는데, 공급자(건설사 및 다주택자), 수요자(실거주자)의 입장에서도 바라보고 데이터와 차트를 분석하면, 미래의 시장을 예측할 수 있다.

수요자(실거주자)의 입장에서 집은 꼭 필요한 의식주로, 없으면 안 되는 요소다. 형편상 어쩔 수 없이 팔아야 한다면, 임대(전월세)로라도 구해야 한다. 경기가 안 좋을 때 이렇게 집을 파는 사람이 계속해서 늘어나고, 임대를 구하는 사람이 늘어나면 매매가격은 하락하고 전세가격은 상승한다. 이러한 상황이 계속되어 매매가격과 전세가격의 갭이 줄어들면 사람들은 다시 매매를 하게 된다. 이런 식으로 시장의 사이클이 순환한다.

공급자(건설사)의 입장에서는 아파트 공급 시 우선 사업성이 있는지, 없는지를 파악해야 하고, 공사 기간이 필요하며, 토지 등의 재료가 있어야 한다. 즉 아파트 공급은 부지를 확보한 뒤 인허가를 받아야 하며, 착공을 시작해 준공(완공) 뒤 입주하는 과정을 반드시 거치게 된다. 보통 평균적으로 인허가 신고를 하고 나서 입주까지는 5~6년 정도가 소요되고, 착공부터 입주까지는 약 3년이 소요된다. 이러한 과정 때문에 우리는 미래의 입주(공급) 물량을 미리 알 수 있다.

자료 3-24. 수요와 공급

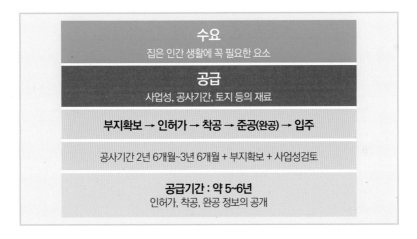

수요
집은 인간 생활에 꼭 필요한 요소
공급
사업성, 공사기간, 토지 등의 재료
부지확보 → 인허가 → 착공 → 준공(완공) → 입주
공사기간 2년 6개월~3년 6개월 + 부지확보 + 사업성검토
공급기간 : 약 5~6년
인허가, 착공, 완공 정보의 공개

자료 3-25는 경기 순환 주기를 나타내는 그래프로, 부동산은 항상 이 사이클로 순환한다. 이 그래프에서 중요한 것은 지역의 현 위치가 지금 어디쯤인지 파악하는 것이다. 서울을 예로 들면, 5급지까지 오르고 주변의 경기도까지 오르는 상황이기 때문에 얼마나 더 상승할지는 예측할 수 없지만, 경기 정점에 있다고 볼 수 있다. 이렇듯 지역이 현재 어느 위치에 있는지를 알기 위해서는 수요와 공급, 가격을 가지고 측정해야 한다.

자료 3-25. 경기 순환주기

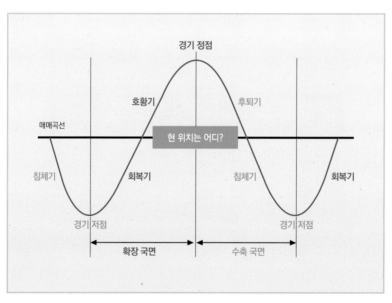

우선 가격을 볼 때는 첫째, 매매가격과 전세가격이 얼마나 올랐는지를 살펴본다. 부동산지인-지역분석에서 원하는 지역을 누르고, 멀티차트현황-주요지표-시장강도/시세에서 볼 수도 있고,

아실-가격분석을 통해서도 살펴볼 수 있다. 자료 3-26의 하단 그림을 보면 부동산지인-빅데이터지도를 누르고 1개월부터 3년까지 기간별로 설정하면, 지역별로도 매매가격과 전세가격의 흐름을 살펴볼 수 있다.

자료 3-26. 매매가격과 전세가격 시세 흐름

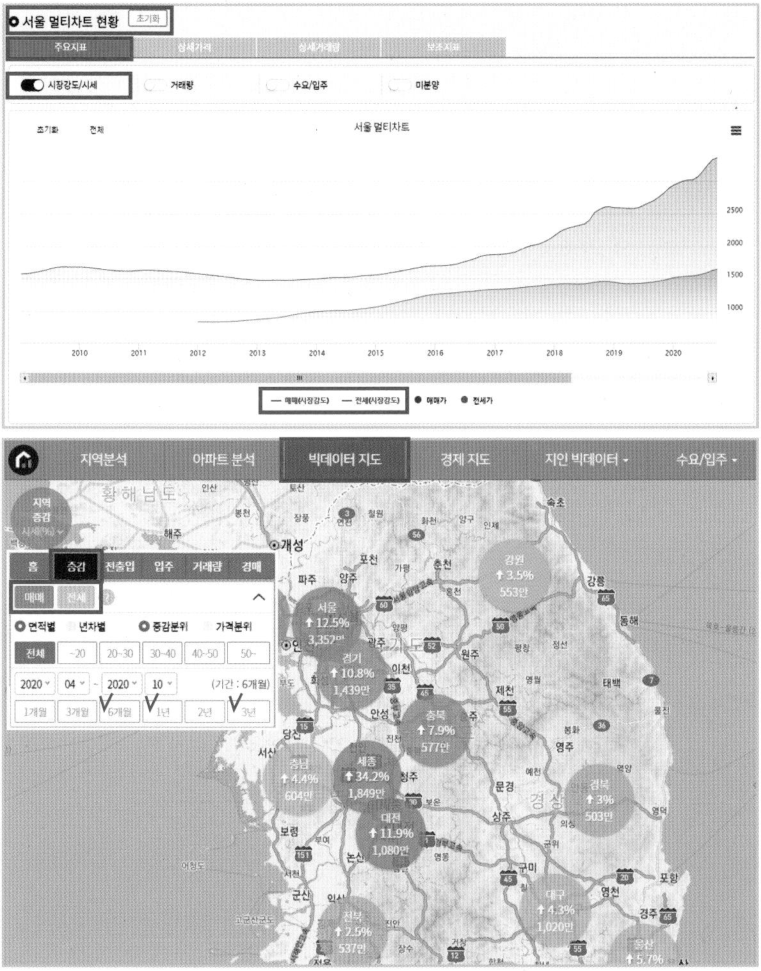

출처 : 부동산지인

둘째, PIR(price to income ratio, 가구소득 대비 주택가격)로도 가격을 살펴볼 수 있다. 부동산지인-지역분석에서 원하는 지역을 누르고, 멀티차트현황-보조지표-PIR(전국 근로자3분위)을 체크하면, 녹색 선이 PIR 지수다. 내 연봉으로 주택을 구입하는 데 얼마나 시간이 걸리는지를 알아보는 것이다. PIR 지수가 파란색 선의 연간 가구당 소득에 가까우면 저평가, 검은색 선의 전용면적 $84m^2$에 가까우면 고평가라고 볼 수 있다.

자료 3-27. PIR(가구소득 대비 주택가격)

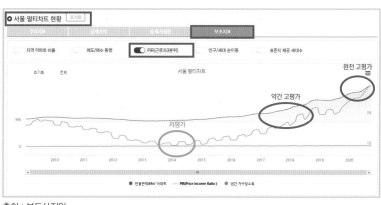

출처 : 부동산지인

공급을 볼 때도 마찬가지로 부동산지인-지역분석에서 원하는 지역을 누르고, 멀티차트현황-주요지표-수요/입주를 체크한다. 수요량 대비 공급이 많으면 공급 초과, 공급이 적으면 공급 부족이라고 볼 수 있지만, 요즘 같이 유동성이 풍부한 저금리 시대에는 공급이 많더라도 사고자 하는 수요 에너지가 클 수 있다. 따라서 공급량은 유동성, 금리에 따라 보는 기준이 달라질 수 있다는 것도 염두에 두자.

자료 3-28. 공급량–입주 물량

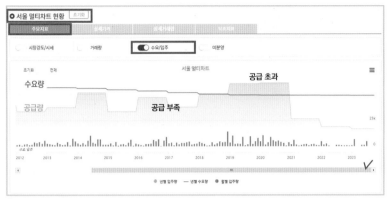

출처 : 부동산지인

　수요는 공급 대비 수요, 수요 대비 공급에 따라 가격이 움직이기 때문에 두 경우를 같이 봐야 한다. 단기·중기적으로 수요가 늘어난다는 것은 매수 수요가 증가하는 것인데, 신축 아파트 수요가 많아서 청약 경쟁률이 증가하거나 미분양이 감소하고, 매수자가 많아 매물이 감소할 때 이런 현상이 나타난다. 장기적으로 수요가 늘어난다는 것은 잠재 수요가 증가한다는 것으로 일자리 증가, 인구수 증가, 입지나 도시의 가치가 올라갈 때 나타난다.

자료 3-29. 수요량

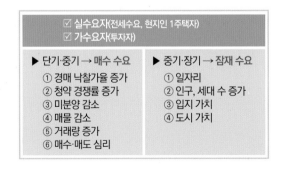

부동산지인의 데이터를 통해 수요를 살펴볼 수도 있는데, 멀티차트현황-주요지표-미분양을 체크하면 미분양 상황도 살펴볼 수 있다. 예를 들어 신축 아파트 공급으로 공급량이 많더라도 미분양이 줄어든다는 것은 매수 수요가 많기 때문이다. 미분양이 바닥일 경우에는 부동산 하락장이 오기가 쉽지 않다.

자료 3-30. 미분양 아파트 현황 - 수요 지수

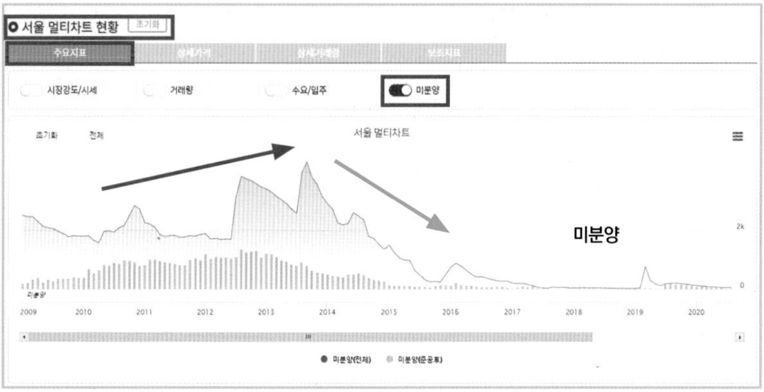

출처 : 부동산지인

자료 3-31은 거래량 그래프인데, 부동산지인-멀티차트현황-주요지표-거래량을 체크하면 볼 수 있다. 파란색 면은 10년간의 월평균 거래량이다. 이 평균 거래량보다 거래량이 많으면 시세가 상승할 가능성이 크고, 거래량이 감소하면 시세는 하락할 가능성이 크다고 볼 수 있다.

자료 3-31. 거래량 - 수요지수

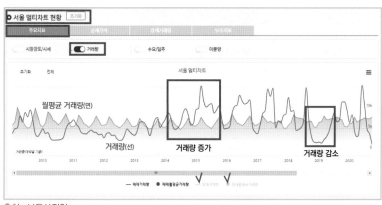

출처 : 부동산지인

한편 부동산지인-멀티차트현황-상세거래량-매입자 거주지별을 체크하면 외지인이 많이 샀는지, 현지인이 많이 샀는지도 파악할 수 있다. 외지인 수요가 많다는 것은 투자 심리가 반영된 것이고, 현지인 수요가 많은 것은 실수요자가 많다는 것이다. 실제로 시장을 움직이는 것은 외지인보다는 현지인의 수요다. 현지인이 매수 수요로 돌아서는 시점이 부동산 안정화 단계다.

자료 3-32. 거래량(매입자 거주지별) - 수요지수

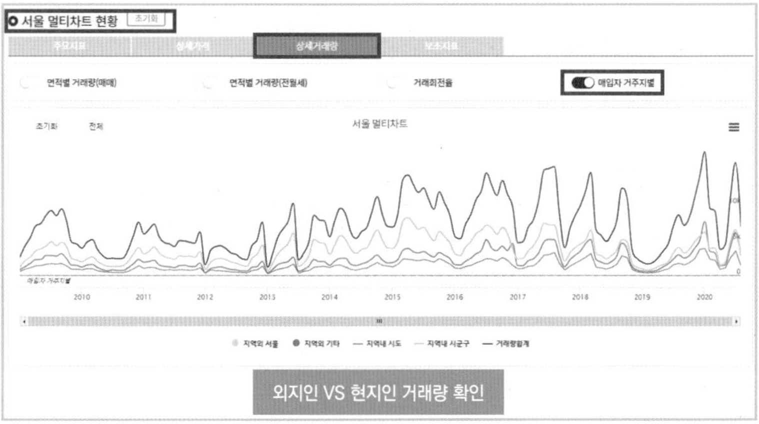

출처 : 부동산지인

매도, 매수 심리도 살펴볼 수 있는데, 부동산지인-멀티차트현황-보조지표-매도/매수 동향을 체크하면 파란색 선은 매도 심리, 빨간색 선은 매수 심리를 보여준다. 매수 심리가 올라가면 가격은 상승하고, 매도 심리와 매수 심리가 교차하는 부분은 가격이 폭등하는 시기다. 매물은 없는데 매수 수요가 많기 때문이다.

자료 3-33. 거래량(매도/매수 동향) - 수요지수

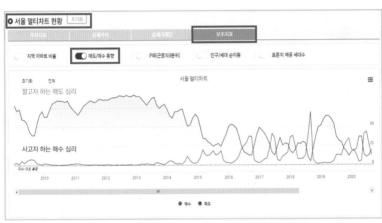

출처 : 부동산지인

05
투자 유망 지역과
투자 타이밍 찾기

아파트는 지역별로 시장 흐름이 다르고, 하락 및 보합, 상승을
반복하기 때문에 시장 흐름에 맞게 지역 선정을 잘해야 한다. 자

자료 3-34. 아파트 매매가격 지수(서울, 부산, 대구)

- **아파트 시세는 하락 및 보합, 상승을 반복한다.**
  ☞ 장기적으로는 우상향 한다.
- **지역별로 다른 시장 흐름을 형성한다.**
  ☞ 투자는 시장 흐름에 맞게 지역 선정을 잘 해야 한다.

출처 : 한국부동산원 부동산통계정보시스템(R-ONE)

료 3-34를 보면 서울이 고평가 지역이었을 때 저평가 지역이었던 부산에 투자했다면, 투자 수익을 극대화할 수 있었을 것이다.

보통 서울을 투자하는 것이 좋다고 생각하지만, 실수요자가 아닌 투자자라면 관점을 달리할 필요가 있다. 서울의 평당 가격이 비싼 아파트로 개포주공 1단지를 보면, 보합기간은 약 6년 10개월이었고, 약 7년 3개월간 매매가격 상승률은 238.41%였다. 그보다 평당 가격이 낮은 반포주공 1단지는 약 7년 3개월간 상승률이 136.08%로 개포주공 1단지보다 낮았다.

자료 3-35. 아파트 매매가격 상승률(서울)

출처 : 직방

그렇다면 지방은 어떨까? 부산의 삼익비치타운은 매매가격이 약 7년간 178.84% 상승했다. 서울의 반포주공 1단지를 투자했을 때보다도 수익률이 좋은 것이다. 이렇듯 실수요가 아닌 투자라면 반드시 서울에 투자할 필요는 없다. 대구 목련 아파트는 매매가격이 약 7년간 305.79%로 부산보다도 더 높다. 인천 수암 아파트는 약 6년간 238.14%, 여수 국동주공 2단지는 6년간 117.86%가 상승했다.

요약하면, 서울이 시세차익은 크지만, 시세 상승률, 투자 수익률은 대구가 높았다. 개포주공 1단지보다 인천 수암아파트가 투자 기간이 짧고, 수익률이 높았다. 여수 국동주공 2단지의 경우 투자 기간 대비 수익률이 높았고, 투자금도 적게 들어간 것을 볼 수 있다.

자료 3-36. 아파트 매매가격 상승률(부산, 대구, 인천, 여수)

출처 : 직방

자금이 많으면 지역별로 투자할 수 있겠지만, 소액 자본으로 투자하기 위해서는 우선 시·도 지역별로 시장의 흐름을 살펴보고, 지역을 선정했다면 시·군·구를 나누어 입지를 분석해야 한다. 그 뒤 세대수, 브랜드, 연식, 평형 등 아파트별로 꼼꼼하게 살펴봐야 한다. 누구나 좋은 입지, 좋은 아파트에 살고 싶어 하므로 경기 저점에서 가장 먼저 상승하는 것은 1급 입지에 A급 상품(신축, 대단지, 브랜드 아파트)이다. 부산을 예로 들면, 해운대 신축 대단지 브랜드 아파트가 제일 먼저 움직인다. 그다음은 2급 입지에 A급 상품 또는 1급 입지에 B급 상품이다. 이렇게 1급 입지부터 5급 입지까지 순서대로 상승하므로 1급부터 5급까지의 입지를 알면 언제 어떻게 투자해야 하는지도 알 수 있다.

자료 3-37. 입지, 상품, 급지별 구분

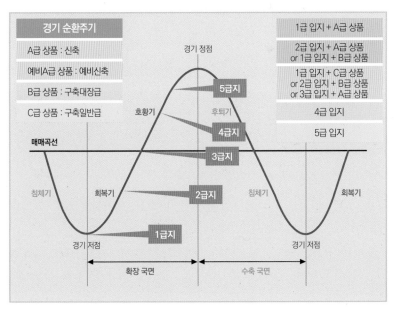

투자 타이밍은 총 4차로 나누어서 살펴볼 수 있는데, 1차는 1급지의 대장 아파트에 투자하는 것이다. 공급물량이 마지막으로 터졌을 때는 시장이 안 좋을 때인데, 이 시기에는 가장 좋은 아파트를 가장 싸게 살 수 있다. 또한, 미분양 아파트가 마지막으로 쌓였을 때, 더 이상 1급지 신축 아파트의 분양이 없을 때가 1차 투자 타이밍이다.

자료 3-38. 투자 타이밍 1차

1급지 + 대장 아파트
▶ 마지막 공급물량이 터지고
▶ 미분양 아파트가 마지막으로 쌓였을 때…
▶ 더이상 1급지 신축 아파트의 분양이 없을 때…

예를 들어 충남의 1급지의 대장 아파트는 어떻게 찾아볼 수 있을까? 부동산지인-지역분석-충남-멀티차트 현황을 보면, 2018년 12월 이후로 공급량이 줄어드는 것을 볼 수 있다. 그 이전에 미분양도 서서히 감소하고 있는 것을 볼 수 있다.

자료 3-39. 충남 멀티차트 현황

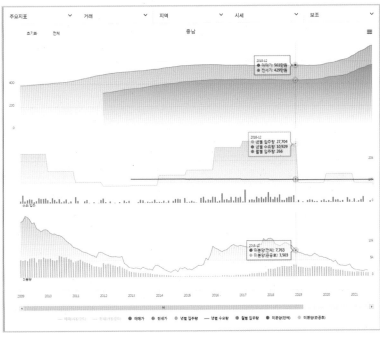

출처 : 부동산지인

스크롤바를 내리면 충남 현황을 볼 수 있는데, 가격을 체크하면 충남 4분면 가격 현황이 나타나고, 1급지는 천안시 서북구인 것을 알 수 있다. 하단의 표에서는 시세에서 매매를 체크하고, 올림차순으로 정렬하면, 충남에서도 매매가격이 높은 순서로 볼 수 있다.

자료 3-40. 충청남도 1급지 찾기

선택	★	지역 (단지수)	시장강도 ?		수요/입주(2019)		거래량 ?		시세		
			매매	전세	수요	입주	매매	전세	매매↑	전세	전세율
	☆	천안시 서북구 (225)	↓ -28 ↓		1,988	2,839	463(70.7%)	648(87.1%)	667 ↑	516 ↑	77%
	☆	천안시 (353)	↓ -39 ↓ -9		3,301	4,734	694(71.4%)	933(86.8%) ↓	619 ↑	483 ↑	78%
	☆	당진시 (81)	-71 ↑ 0		845	0	109(61.9%)	114(70.8%) ↓	550 ↑	441 ↑	80%
	☆	천안시 동남구 (128)	↓ -65 ↑ -21		1,313	1,895	231(71.1%)	285(84.8%) ↓	539 ↓	428 ↑	79%
	☆	아산시 (176)	↑ -55 ↓ -34		1,591	703	326(78.0%)	399(77.8%) ↓	530 ↓	409 ↑	77%
	☆	서산시 (79)	↑ -71 ↑ -5		884	1,062	99(59.6%)	142(91.6%) ↓	526 ↑	404 ↑	77%
	☆	홍성군 (36)	↑ -16 ↓ 31		508	0	48(72.7%)	57(74.0%) ↑	513 ↑	370 ↓	72%
	☆	보령시 (40)	↓ -96 ↓ -51		512	997	46(76.7%)	36(116.1%) ↓	492 ↓	406 ↑	83%
	☆	공주시 (42)	↑ -56 ↑ -56		539	65	56(77.8%)	79(129.5%) ↓	474 ↓	341 ↓	72%
	☆	논산시 (39)	↑ -43 ↑ -51		601	770	38(61.3%)	35(79.5%) ↓	472 ↓	365 ↑	77%
	☆	계룡시 (21)	↓ -63 ↑ 27		217	0	44(88.0%)	36(66.7%) ↓	461 ↓	363 ↓	79%
	☆	예산군 (33)	↑ -34 ↓ 18		401	0	28(53.8%)	17(24.6%) ↑	428 ↓	309 ↓	72%

출처 : 부동산지인

네이버 부동산에서 천안시 서북구를 검색해 지적 편집도를 누르면 다음과 같이 색상별로 볼 수 있다. 알록달록한 색이 많은 하단이 도심이고, 초록색이 많은 상단은 도심 외곽 지역이다.

자료 3-41. 천안시 서북구 지적 편집도

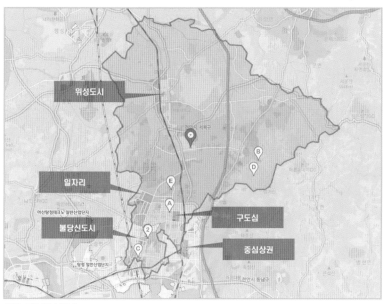

출처 : 네이버 부동산

천안시 서북구에서도 제일 좋은 동도 알아볼 수 있다. 역시 부동산지인에서 다음과 같이 살펴볼 수 있다. 평당 가격이 비싼 순서대로 좋은 동이며, 수요자가 선호한 순서는 불당동, 성성동, 백석동, 신부동, 두정동, 성정동, 쌍용동순이다.

자료 3-42. 천안시 서북구 동별 평단가

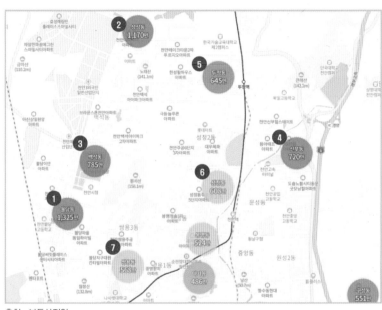

출처 : 부동산지인

아파트 가격별로 순위를 보려면 아실-더보기-최고가 아파트를 누르고, 면적은 84㎡로 설정한다. 천안불당지웰더샵, 천안불당린스트라우스가 1, 2순위다.

자료 3-43. 천안시 서북구 최고가 아파트 순위

출처 : 아실

대장 아파트가 상승하는 것을 확인했다면, 2차 투자 타이밍이다. 1급지 구축 또는 2급지 신축이나 입지 좋은 재개발·재건축이투자 대상이다. 공급물량이 줄어들고, 미분양이 감소하는 시기다.더 이상 1급지 신축 아파트의 분양이 없으며, 1급지의 가격이 오르니 2급지로 이동하는 것도 좋은 대안이 될 수 있다.

자료 3-44. 투자 타이밍 2차

1급지 구축 또는 2급지 신축 또는 입지 좋은 재개발·재건축
▶ 공급물량이 줄어듦
▶ 미분양이 감소함
▶ 더 이상 1급지 신축 아파트의 분양이 없으며, 1급지의 가격이 오르니 2급지로 이동할 수밖에 없다.
▶ 현재 1등이 오르는 것을 확인했으니 미래의 [준]1등을 노린다.

3차 투자 타이밍의 대상은 2급지 구축 또는 3급지 신축이나 후발주자 재개발·재건축이다. 공급물량이 부족하고, 미분양이 감소하며 거래량이 평균 거래량보다 증가하는 시기다. 이에 따라 집주인들이 매물을 거두며 매도심리는 하락하고, 매수심리는 상승한다.

자료 3-45. 투자 타이밍 3차

2급지 구축 또는 3급지 신축 또는 후발주자 재개발·재건축
▶ 공급물량이 부족함
▶ 미분양이 감소
▶ 거래량 증가
▶ 매도심리 하락·매수심리 상승

4차 투자 타이밍은 4~5급지까지 상승이 확산되며 상승장에 돌입하는 시기다. 이때는 공급물량이 부족하고, 미분양이 매우 적으며, 거래량이 폭증한다. 팔고자 하는 사람보다 사려는 사람이 많아지면서 매도심리와 매수심리가 크로스 된다. 투자자와 실수요자의 참여가 가장 많은 시기이고, 전세 시장 참여가 매매 시장으로 참여한다.

자료 3-46. 투자 타이밍 4차

4~5급지 확산 - 상승장 돌입
▶ 공급물량이 부족함
▶ 미분양이 매우 적음
▶ 거래량 폭증
▶ 매도 심리 하락·매수 심리 크로스
▶ 전세 시장 참여자가 매매 시장으로 참여

이렇듯 투자 타이밍을 알고 급지별 가격 상승 순서를 파악한다면, 투자의 리스크를 줄일 수 있다. 투자하지 않는 것은 투자보다 더 위험하다. 자본주의 시스템에서 투자하지 않고, 현금을 모으기만 하는 것은 스스로 화폐 가치를 떨어뜨리는 일이다. 지금부터라도 투자 유망지역을 찾아내고, 적절한 투자 타이밍을 잡기 위해 돈 공부를 시작하자. 그것만이 돈과 시간으로부터 자유로워지는 지름길이다.

PART 04

분양권과
청약 투자

01
분양권 투자하기

1. 분양권이란?

분양권이란 주택법에 따라 사업계획의 승인을 받아 건설해 공급하는 주택 또는 입주자로 선정되어 그 주택에 입주할 수 있는 권리·자격·지위를 말한다. 청약으로 분양권을 당첨 받으려면 먼저 청약통장에 가입해 자격을 갖춘 후 특정 단지에 청약을 해야 한다. 그래서 청약한 특정 단지의 특정 동·호수에 당첨되면, 당첨과 동시에 준공 후 입주할 수 있는 권리가 부여된다.

분양권의 계약 절차는 우선 계약금 10%를 지급하고, 중도금 60%를 납부하고, 잔금 30%를 완료해야 입주할 수 있다. 분양권 거래 시 거래되는 금액은 땅값, 건축비, 건설사 마진을 포함한 분양가격과 발코니 확장 등에 필요한 확장비, 에어컨·냉장고·시스템 창호 같은 옵션비가 있다. 무피·플러스피·마이너스피 같은 프리미엄도 해당한다.

분양권은 4가지 특징이 있는데, 첫 번째 특징은 실물이 존재하지 않는다는 것이다. 아파트가 아직 지어지지 않은 상태이기 때문에 분양권을 거래한다는 의미는 주택에 입주할 수 있는 권리를 사고파는 것을 의미한다. 두 번째 특징은 사고팔기가 쉽다. 건물이라는 실체가 있어서 하자 등을 꼼꼼히 따지는 것이 아니라, 카탈로그나 조감도가 전부이기 때문이다. 세 번째 특징은 자산 증식 수단으로 유용하다. 신축이기 때문에 가격 경쟁력도 가진다. 네 번째 특징은 거래 흐름이 빠르다. 물론 지금은 전매제한 때문에 이 특징과는 꼭 맞지 않는 상황이 생기고 있다.

분양권에 대해서 구체적으로 들어가기 전에 우선 기본적인 용어부터 살펴보자. 1평은 약 $3.305785 m^2$고, $1m^2$는 약 0.3025평이다. 자료 4-1을 보면 $1m^2$는 가로 1m, 세로 1m 공간을 의미하고, 1평은 180cm 정도의 성인 남성이 드러누우면 딱 알맞은 공간이다. 분양은 전용면적으로 분양하지만, 매매가격은 공급면적으로 지불해야 하는 것도 참고하자.

자료 4-1. 면적의 개념

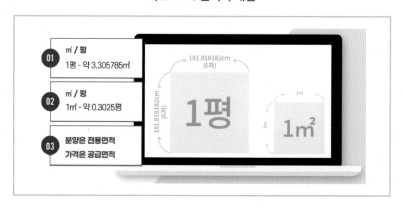

자료 4-2를 보면 분양권에서 사용하는 면적의 명칭 등을 볼 수 있는데, 공급면적은 전용면적+주거공용면적이다. 전용면적은 한 세대가 독립적으로 사용하는 공간으로 실거주 공간이다. 주거공용면적은 계단, 복도, 엘리베이터 등 이웃들과 함께 사용하는 면적이다. 발코니는 서비스 면적이다. 계약면적은 공급면적+기타공용면적이고, 기타공용면적은 단지 내 관리사무소, 노인정 등의 면적을 말한다.

자료 4-2. 분양권 용어 : 면적

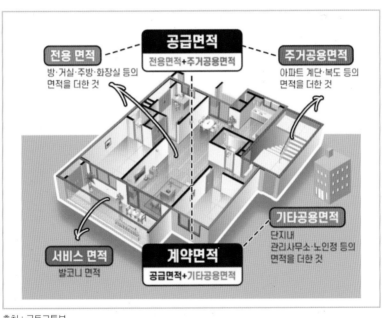

출처 : 국토교통부

아파트 형태는 판상형과 타워형, 필로티 구조를 볼 수 있는데, 판상형은 일자형 성냥갑 모양의 아파트 형태를 말한다. 장점은 남향 배치로 일조량이 풍부하고, 통풍이 용이하며, 서비스 면적을 넓게 설계했다. 또한, 구조를 뽑기가 쉽고, 동선이 좋으며, 건축비가 상대적으로 저렴하다. 단점은 건물 외관이 단조롭고, 동 간 거리에 따라 일조량이 영향을 받으며, 뒷동 조망권 확보가 어려울 수 있다. 또한, 용적률을 최대로 활용하기 어렵다. 타워형은 ㄱ, ㄴ, ㅁ, Y 등 다양한 형태의 세련된 모양의 아파트다. 장점은 독특한 구조 설계로 건물 외관이 세련되고, 조망권과 일조권 확보가 판상형보다 용이하다. 또한, 용적률을 최대로 활용 가능하다. 단점은 정남향 배치가 어렵고, 맞바람에 의한 통풍이 어렵다. 구조가 난해하거나 동선이 다소 불편할 수 있고, 사생활 침해도 우려된다. 건축비와 인테리어비도 상대적으로 비싼 편이다. 필로티는 1층을 거주 공간이 아닌 지지 구조층으로 만들어진 형태를 말한다. 자녀가 있는 가정은 필로티 위의 1층을 선택한다면, 층간소음 스트레스를 해결할 수 있다. 그리고 필로티 위의 1층은 2~3층 정도의 높이로 1층 같지 않은 느낌을 준다. 주민공동시설로 이용되기도 하는데, 쉼터나 정원, 경비실로도 사용된다.

자료 4-3. 판상형과 타워형, 필로티 구조

판상형
출처 : 〈리얼투데이〉, 〈서울신문〉

타워형

필로티

최근 분양권 거래를 이야기할 때 빠지지 않는 것이 '전매제한'인데, 그만큼 중요한 내용이다. 먼저 분양권 전매제한을 말하기 앞서 분양권 전매를 먼저 살펴보자. 분양권 전매는 계약부터 잔금까지 등기가 이루어지기 전 분양권을 파는 행위를 말한다. 단기이익 취득을 목적으로 분양권을 파는 행위로도 이용한다. 반면 분양권 전매제한은 입주자로 선정되어 주택에 입주할 수 있는 권리인 분양권을 타인에게 양도하는 것을 금지하는 제도다(10년 이내의 범위 내에서 지정한다). 이 분양권 전매제한의 목적은 실수요자들을 위한 투기 방지 및 시장 과열 방지다. 해당되는 주택은 다음과 같다.

① 투기과열지구 및 조정대상지역에서 건설, 공급되는 주택
② 분양가상한제 적용 주택
③ 수도권에서 공공택지 외의 택지에서 건설, 공급되는 주택

또한, 다음 지역에서도 전매가 금지된다.

· 투기과열지구 : 소유권이전등기일(최대 5년)까지 전매금지
· 조정대상지역 : 소유권이전등기일(최대 3년)까지 전매금지

분양권 전매제한을 확인할 수 있는 사이트로는 한국부동산원 청약홈이다. 다음 자료 4-4에서 좌측 메뉴의 청약소통방-분양권 정보(전매제한 등) 조회하기 버튼을 클릭한다.

자료 4-4. 분양권 정보(전매제한 등) 조회하기

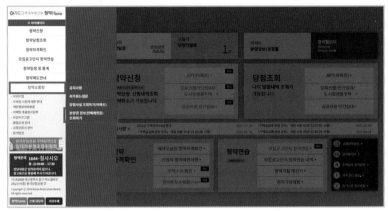

지역을 선택 후 원하는 아파트를 누른 뒤 상세정보 보기 버튼을 누르면 다음과 같은 정보가 나온다. 자료 4-5의 빨간 사각 박스 부분을 보면, 청약과열지역이고 전매제한인 것을 알 수 있다.

자료 4-5. 전매제한 상세정보

전매제한 상세정보

□ 여수 소호동 금호어울림 오션테라스

주택관리번호	2021000563	주택명	여수 소호동 금호어울림 오션테라스
주택형	089.0525	공고일	2021.08.06
동수	101	호수	403
당첨자 발표일	2021.08.26	계약체결일	2021.09.06 ~ 2021.09.08
추가입주 계약체결일 *		입주예정	2023.05
공급유형	일반	지역	여수
특이사항 **	청약과열지역	전매제한	소유권이전등기일(최대3년)
분양금액(만원)***	69,500	모집공고문 다운로드	다운로드

네이버 부동산을 통해서도 전매제한을 볼 수 있는데, 분양으로 들어가서 지역을 선택 후 해당 아파트를 누르면 다음과 같은 정보를 볼 수 있다.

자료 4-6. 전매 여부 확인

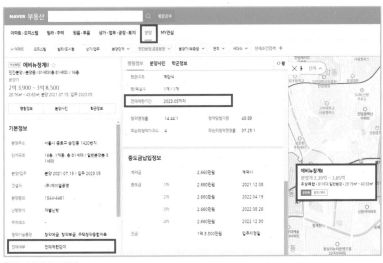

출처 : 네이버 부동산

전매제한은 수도권 내 지역, 수도권 외 지역, 규제지역 외 수도권 및 지방광역시의 민간택지로 볼 수 있다. 이 중에서도 수도권 내 지역은 복잡하지만, 투기과열지구와 투기과열지구 외 지역, 공공택지와 민간택지별로 꼼꼼히 살펴봐야 한다.

자료 4-7. 지역별 전매제한

공공택지 **투기과열지구**	공공택지 **투기과열지구 외 지역**	민간택지 **투기과열지구**	민간택지 **투기과열지구 외 지역**
시세 대비 80% 미만 - 10년 80~100% - 8년 100% 이상 - 5년	시세 대비 80% 미만 - 8년 80~100% - 6년 100% 이상 - 3년	시세 대비 80% 미만 - 10년 80~100% - 8년 100% 이상 - 5년	6개월~소유권이전등기일

수도권 내 지역 전매제한

공공택지 **투기과열지구**	공공택지 **투기과열지구 외 지역**	민간택지 **투기과열지구**	민간택지 **투기과열지구 외 지역**
4년	3년	3년	-

수도권 외 지역 전매제한

수도권 **과밀억제권역 및 성장관리권역**	수도권 **자연보전권역**	광역시 **도시지역**	광역시 **도시지역 외 지역**
소유권이전등기일(최대 3년)	6개월	소유권이전등기일(최대 3년)	6개월

규제지역 외 수도권 및 지방광역시의 민간택지 전매제한

　　전매제한과 더불어 또 알아둬야 할 것은 분양가상한제다. 이는 주택을 분양할 때 일정한 기준으로 산정한 분양가격 이하로만 판매할 수 있게 하는 제도다. 주택공급을 저해하지 않으면서 주변시세보다 낮은 수준으로 분양가격을 적정하게 규제함으로써 서민 주거 안정을 도모한다. 분양가상한제가 적용되는 단지가 받는 패널티는 다음과 같다.

① 전매제한 기간 적용 – 입주자로 선정된 날~지정된 기한까지
　　(최대 10년)
② 거주의무 기간 적용

분양가상한제의 거주의무기간 부여는 2021년 2월 19일부터 민간택지도 해당된다. 자료 4-8을 보면, 공공택지는 인근 매매가격 80% 미만은 5년, 80~100% 미만은 3년이다. 민간택지는 인근 매매가격 80% 미만은 3년, 80~100% 미만은 2년이다.

자료 4-8. 분양가상한제 거주의무 기간

2. 분양권 수익구조와 프리미엄

앞서 분양권의 계약 절차는 계약금 10%를 지급하고, 중도금 60%를 납부하고, 잔금 30%를 완료해야 한다고 했다. 이때 중도금 대출 유무를 알아보는 것은 매우 중요하다. 중도금 대출이 안 될 경우 내 자금이 너무 많이 들어가기 때문에 투자로 볼 때도 수익률이 좋지 않다. 또한, 중도금과 잔금은 대출이 가능하다면 주택담보 대출로도 전환이 가능하다. 분양권 매입금액은 분양계약금+확장비 및 옵션 계약금+프리미엄을 합친 금액이다. 이 금액은 매도 시와 매수 시에도 동일한데, 분양권 투자 수익은 프리미엄을 얼마를 주고 샀느냐에 따라 결정된다. 쉽게 말해 프리미엄을 적게 주고 사야 투자 수익이 높은 것이다.

프리미엄 생성 과정은 분양가격과 주변 시세에 따라 생성된다. 프리미엄이 적절한지 살펴보려면 첫째, 최근 분양한 아파트별 분양가격을 비교해보고, 최근 분양한 아파트 대비 분양가격이 적절한지 살펴봐야 한다. 둘째, 지역의 대장 아파트와 입지를 비교하고, 시세를 비교한다. 그래서 대장 아파트 입지 및 시세 대비 분양가격이 적절한지 봐야 한다. 셋째, 인근 신축, 구축 아파트와 시세를 비교한다. 그에 따라 인근 아파트 시세 대비 분양가격이 적절한지 알아볼 수 있다.

프리미엄에 영향을 미치는 요인으로는 입지, 분양가격, 브랜드 및 세대수가 있다. 입지의 경우 교통 접근성, 학군, 상권 등 거리에 따라 가격에 미치는 영향이 차이가 난다. 분양가격은 저렴할수록 그 차이만큼 프리미엄이 생성된다. 브랜드 및 세대수는 거주 선호도에 대한 기준은 똑같고, 누구나 좋은 것을 추구하기 때문에 프리미엄에 영향을 미친다.

프리미엄이 어느 정도에서 형성될 것인지 예측하기 위해 입지를 중심으로, 분양 예정 아파트와 주변 아파트의 시세를 한번 비교해보자. 자료 4-9에서 더샵파크프레스티지의 주변에는 7호선, 1호선이 지나가고 있고, 7호선 주변 역 아파트 시세는 13억 원에서 18억 원이다. 더샵파크프레스티지는 입지상 역세권에선 거리가 있으니 분양가격은 18억 원을 넘지 않을 것이고, 역 근처인 1986년에 건축된 신길 우성 1차 아파트 매매가격인 13억 원보다는 높을 것으로 예상된다. 네이버를 통해 확인해보니 매매가격은 예상 범위를 벗어나지 않은 14억 5,000만 원에서 15억 원 정도에 형성되어 있다.

자료 4-9. 분양가격 분석

출처 : 네이버 지도, 네이버 부동산

　결국, 분양권 투자도 흐름을 알아야 한다. 부동산 가격의 흐름은 항상 중심에서 외곽으로 흘러간다. 대장 아파트에서 1군, 2군, 3군의 순서로 가는데, 입지를 공부해서 우선 비교하고, 적정 프리미엄도 생각해서 얼마나 오를지 예상해보자. 부동산은 상대적 특성이 매우 강하다. 늘 비교하는 습관을 가지는 것이 중요하다.

3. 분양권 투자의 장점과 단점

분양권 투자의 장점은 다음과 같다.

① 누구나 쉽게 접할 수 있다.

② 초기 투자 비용이 적게 든다.

③ 투자 수익률이 높다.

④ 쉽게 사고팔 수 있다.

⑤ 등기하지 않고도 거래가 가능하다(전매제한지역 제외).

⑥ 신축을 살 수 있는 기회다.

⑦ 부동산 흐름별 기회가 존재한다(미분양).

분양권 투자의 단점은 다음과 같다.

① 실물이 없어 현장감이 적다.

② 대출의 중요성이 높다(미대출 시 자납).

③ 정부의 규제를 심하게 받는다.

④ 청약 시 비선호 동·호수에 걸릴 수도 있다.

⑤ 분양권 상태에서 전매 시 세금 비중이 높다.

⑥ 향후 등기 후 임대 시 초기 전세가율이 대체로 낮다.

⑦ 도시별, 지역별 흐름이 차이가 난다.

Tip | **민간임대분양 전환 아파트**
임대차 3법으로 인해 임차인은 최대 4년 동안 주거의 보장을 받게 됐다. 민간임대전환 아파트는 이보다도 더 긴 8~10년간 주거를 보장받는다. 8년 후 일반분양 전환 시 우선권을 부여하고, 분양전환 시 확정분양가격 또는 분양전환 시점 분양가격으로 할 수 있다. 최대 5%를 초과하지 않는 범위 내에서 임대료를

인상하고, 청약통장 필요 없이 만 19세 이상 누구나 청약 가능하다. 또한 임대 아파트라 주택 수에 포함되지 않고, 각종 세금과 관련된 규제 또한 없다. 주택담보대출이 아닌 전세자금대출로 낮은 이자율 혜택이 있고, 전매 및 전대(일부 단지)가 가능하다.

민간임대분양 아파트를 볼 때는 분양전환 시 확정분양가격인지, 분양가격이 주변시세 대비 수익성이 있는지를 체크해야 한다. 또한 전매제한이 있는 단지인지, 다주택자들도 청약이 가능한지, 지역우선배정이 있는지, 중도금대출 보증은 HUG인지, 시행사 보증인지 확인한다.

분양단지 확인은 한국부동산원 청약홈에서도 확인할 수 있고, 분양 홈페이지를 통해서도 볼 수 있다. 분양 홈페이지에서는 입지환경, 단지정보, 단지배치도, 동·호수 배치도, 평면정보, 분양일정, 청약안내, 공급안내 등을 볼 수 있다. 그리고 e-모델하우스 등을 통해 모델하우스에 직접 가보지 않아도 주거공간을 입체적으로 볼 수 있다.

자료 4-10. 분양 홈페이지

출처 : 한화포레나 홈페이지

예를 들어 자료 4-11은 단지배치도인데, 좌측 상단에 보면 방위 표시가 있어서 남향인지 여부도 알 수 있고, 조망권 등도 예상해볼 수 있다.

자료 4-11. 단지배치도

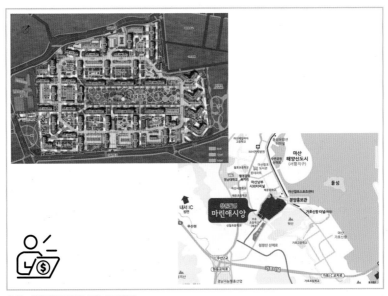

출처 : 창원월영마린애시앙 홈페이지

자료 4-12를 보면, 분양 홈페이지에서는 다음과 같은 평면정보도 볼 수 있다. 베이(Bay)는 '건물의 기둥과 기둥 사이의 공간'으로 이들 공간 중에서도 햇빛이 들어오는 공간을 가리킨다. 보통 아파트의 경우 발코니를 기준으로 2베이, 3베이, 4베이 등으로 나뉜다.

공급금액 및 납부일정도 볼 수 있는데, 다음의 자료 4-13을 보면, 계약금 10%, 중도금 60%, 잔금 30%로 나누어져 있는 것을 볼 수 있다. 공급금액에서도 101동 1호의 경우 15층의 공급금액은 550,100,000원이고, 16층에서 20층은 555,600,000원으로 5,500,000원 정도의 차이가 나는데, 꼼꼼하게 따져보고 15층을 선택한다면 5,500,000원의 투자금도 아끼고, 꼭대기층은 피하면서 로얄층을 선점할 수도 있다.

자료 4-13. 공급금액 및 납부일정

(단위 : 원)

주택형 약식표기	동별·라인별	공급 세대수	층수	해당 세대수	공급금액 대지비	공급금액 건축비	공급금액 계	계약금(10%) 계약시	중도금(60%) 1차(10%) 2021.11.15	2차(10%) 2022.03.15	3차(10%) 2022.08.12	4차(10%) 2023.01.27	5차(10%) 2023.03.15	6차(10%) 2023.06.15	잔금(30%) 입주지정일
66	101동 1호	20	1층	1	152,839,554	348,060,446	500,900,000	50,090,000	50,090,000	50,090,000	50,090,000	50,090,000	50,090,000	50,090,000	150,270,000
			2층	1	152,839,554	353,960,446	506,800,000	50,680,000	50,680,000	50,680,000	50,680,000	50,680,000	50,680,000	50,680,000	152,040,000
			3층	1	152,839,554	359,360,446	512,200,000	51,220,000	51,220,000	51,220,000	51,220,000	51,220,000	51,220,000	51,220,000	153,660,000
			4층	1	152,839,554	364,760,446	517,600,000	51,760,000	51,760,000	51,760,000	51,760,000	51,760,000	51,760,000	51,760,000	155,280,000
			5층	1	152,839,554	370,160,446	523,000,000	52,300,000	52,300,000	52,300,000	52,300,000	52,300,000	52,300,000	52,300,000	156,900,000
			6층~7층	2	152,839,554	375,560,446	528,400,000	52,840,000	52,840,000	52,840,000	52,840,000	52,840,000	52,840,000	52,840,000	158,520,000
			8층~10층	3	152,839,554	391,760,446	544,600,000	54,460,000	54,460,000	54,460,000	54,460,000	54,460,000	54,460,000	54,460,000	163,380,000
			11층~15층	5	152,839,554	397,260,446	550,100,000	55,010,000	55,010,000	55,010,000	55,010,000	55,010,000	55,010,000	55,010,000	165,030,000
			16층~20층	5	152,839,554	402,760,446	555,600,000	55,560,000	55,560,000	55,560,000	55,560,000	55,560,000	55,560,000	55,560,000	166,680,000
68	101동 2호	57	1층	2	156,857,422	357,242,578	514,100,000	51,410,000	51,410,000	51,410,000	51,410,000	51,410,000	51,410,000	51,410,000	154,230,000
			2층	2	156,857,422	363,242,578	520,100,000	52,010,000	52,010,000	52,010,000	52,010,000	52,010,000	52,010,000	52,010,000	156,030,000
			3층	3	156,857,422	368,742,578	525,600,000	52,560,000	52,560,000	52,560,000	52,560,000	52,560,000	52,560,000	52,560,000	157,680,000
			4층	3	156,857,422	374,342,578	531,200,000	53,120,000	53,120,000	53,120,000	53,120,000	53,120,000	53,120,000	53,120,000	159,360,000
	102동 3, 4호		5층	3	156,857,422	379,842,578	536,700,000	53,670,000	53,670,000	53,670,000	53,670,000	53,670,000	53,670,000	53,670,000	161,010,000
			6층~7층	6	156,857,422	385,442,578	542,300,000	54,230,000	54,230,000	54,230,000	54,230,000	54,230,000	54,230,000	54,230,000	162,690,000
			8층~10층	9	156,857,422	402,142,578	559,000,000	55,900,000	55,900,000	55,900,000	55,900,000	55,900,000	55,900,000	55,900,000	167,700,000
			11층~15층	15	156,857,422	407,742,578	564,600,000	56,460,000	56,460,000	56,460,000	56,460,000	56,460,000	56,460,000	56,460,000	169,380,000
			16층~20층	15	156,857,422	413,442,578	570,300,000	57,030,000	57,030,000	57,030,000	57,030,000	57,030,000	57,030,000	57,030,000	171,090,000
	101동 3, 4호	40	1층	2	156,857,422	373,042,578	529,900,000	52,990,000	52,990,000	52,990,000	52,990,000	52,990,000	52,990,000	52,990,000	158,970,000
			2층	2	156,857,422	379,142,578	536,000,000	53,600,000	53,600,000	53,600,000	53,600,000	53,600,000	53,600,000	53,600,000	160,800,000
			3층	2	156,857,422	384,842,578	541,700,000	54,170,000	54,170,000	54,170,000	54,170,000	54,170,000	54,170,000	54,170,000	162,510,000
			4층	2	156,857,422	390,542,578	547,400,000	54,740,000	54,740,000	54,740,000	54,740,000	54,740,000	54,740,000	54,740,000	164,220,000
			5층	2	156,857,422	396,242,578	553,100,000	55,310,000	55,310,000	55,310,000	55,310,000	55,310,000	55,310,000	55,310,000	165,930,000
			6층~7층	4	156,857,422	402,042,578	558,900,000	55,890,000	55,890,000	55,890,000	55,890,000	55,890,000	55,890,000	55,890,000	167,670,000
			8층~10층	6	156,857,422	407,742,578	564,600,000	56,460,000	56,460,000	56,460,000	56,460,000	56,460,000	56,460,000	56,460,000	169,380,000
			11층~15층	10	156,857,422	413,442,578	570,300,000	57,030,000	57,030,000	57,030,000	57,030,000	57,030,000	57,030,000	57,030,000	171,090,000
			16층~20층	10	156,857,422	419,142,578	576,000,000	57,600,000	57,600,000	57,600,000	57,600,000	57,600,000	57,600,000	57,600,000	172,800,000
84	102동 1호	20	1층	1	193,150,950	446,749,050	639,900,000	63,990,000	63,990,000	63,990,000	63,990,000	63,990,000	63,990,000	63,990,000	191,970,000
			2층	1	193,150,950	453,949,050	647,100,000	64,710,000	64,710,000	64,710,000	64,710,000	64,710,000	64,710,000	64,710,000	194,130,000
			3층	1	193,150,950	460,849,050	654,000,000	65,400,000	65,400,000	65,400,000	65,400,000	65,400,000	65,400,000	65,400,000	196,200,000
			4층	1	193,150,950	467,649,050	660,800,000	66,080,000	66,080,000	66,080,000	66,080,000	66,080,000	66,080,000	66,080,000	198,240,000
			5층	1	193,150,950	474,549,050	667,700,000	66,770,000	66,770,000	66,770,000	66,770,000	66,770,000	66,770,000	66,770,000	200,310,000
			6층~7층	2	193,150,950	481,449,050	674,600,000	67,460,000	67,460,000	67,460,000	67,460,000	67,460,000	67,460,000	67,460,000	202,380,000
			8층~10층	3	193,150,950	488,349,050	681,500,000	68,150,000	68,150,000	68,150,000	68,150,000	68,150,000	68,150,000	68,150,000	204,450,000
			11층~15층	5	193,150,950	495,249,050	688,400,000	68,840,000	68,840,000	68,840,000	68,840,000	68,840,000	68,840,000	68,840,000	206,520,000
			16층~20층	5	193,150,950	502,149,050	695,300,000	69,530,000	69,530,000	69,530,000	69,530,000	69,530,000	69,530,000	69,530,000	208,590,000
	102동 2호	20	1층	1	193,150,950	452,949,050	646,100,000	64,610,000	64,610,000	64,610,000	64,610,000	64,610,000	64,610,000	64,610,000	193,830,000
			2층	1	193,150,950	460,349,050	653,500,000	65,350,000	65,350,000	65,350,000	65,350,000	65,350,000	65,350,000	65,350,000	196,050,000
			3층	1	193,150,950	467,349,050	660,500,000	66,050,000	66,050,000	66,050,000	66,050,000	66,050,000	66,050,000	66,050,000	198,150,000
			4층	1	193,150,950	474,249,050	667,400,000	66,740,000	66,740,000	66,740,000	66,740,000	66,740,000	66,740,000	66,740,000	200,220,000
			5층	1	193,150,950	481,249,050	674,400,000	67,440,000	67,440,000	67,440,000	67,440,000	67,440,000	67,440,000	67,440,000	202,320,000
			6층~7층	2	193,150,950	488,249,050	681,400,000	68,140,000	68,140,000	68,140,000	68,140,000	68,140,000	68,140,000	68,140,000	204,420,000
			8층~10층	3	193,150,950	495,149,050	688,300,000	68,830,000	68,830,000	68,830,000	68,830,000	68,830,000	68,830,000	68,830,000	206,490,000
			11층~15층	5	193,150,950	502,149,050	695,300,000	69,530,000	69,530,000	69,530,000	69,530,000	69,530,000	69,530,000	69,530,000	208,590,000
			16층~20층	5	193,150,950	509,049,050	702,200,000	70,220,000	70,220,000	70,220,000	70,220,000	70,220,000	70,220,000	70,220,000	210,660,000

입지, 단지분석 및 주변 시세 등 인터넷으로 손품을 팔았다면, 모델하우스에 방문해서 방문자수나 연령, 성별 등을 체크하고, 방문자들이 관심 있어 하는 타입과 이야기를 확인하자. 상담을 통해 분양단지의 입지, 학교배정, 주변 인프라 등을 알아보는 것도 방문의 팁이 될 수 있다.

자료 4-14는 아파트 분양권에 주택수 포함 기산일을 정리한 것이다. 청약 시 2018년 12월 11일 이후 취득한 분양권은 주택수 포함이다. 따라서 2018년 12월 11일 이전에 취득한 분양권은 청약

시 주택수에 포함되지 않는다. 또한, 취득 시 2020년 8월 12일 이후 취득한 분양권은 주택수 포함되고, 양도세도 2021년 1월 1일 이후 취득한 분양권은 주택수에 포함된다.

자료 4-14. 주택수 포함 기산일

취득세의 경우 부연하면, 2020년 8월 12일 이후 계약한 분양권에 다음과 같이 적용된다. 조정지역은 2주택 8%, 3주택은 12%이고, 비조정지역은 2주택 1~3%, 3주택은 8%, 4주택은 12%다.

자료 4-15. 분양권 관련 규제 - 취득세

	조정지역	비조정지역
2020. 8. 12	2주택 - 8% 3주택 ↑ - 12%	2주택 - 1~3% 3주택 - 8% 4주택 ↑ - 12%

양도세는 2021년 1월 1일 이후 조정대상지역 주택을 매매할 때 분양권을 가지고 있다면, 2주택자로서 양도소득세 기본세율에 중과세율이 더해진다. 예외적으로 1주택자가 새집으로 이사하기 위해 분양권을 산 날로부터 3년 이내에 기존 주택을 팔면 비과세다. 또한, 1년 미만 분양권을 단기 보유할 시 양도소득세율은 70%이고, 2년 미만 ~2년 이상 보유는 60%다. 조정지역과 상관없이 모든 지역에 적용된다. 다주택자의 경우 조정대상지역 2주택자는 기본세율+20%, 조정대상지역 3주택자는 기본세율+30%로 중과세율이 인상됐다.

자료 4-16. 분양권 관련 규제 - 양도세

분양권 양도소득세율(7·10 부동산 대책) 2021. 6. 1~

구분		현행			12·16대책	개선	
		주택 외 부동산	주택·입주권	분양권	주택·입주권	주택·입주권	분양권
보유기간	1년 미만	50%	40%	(조정대상지역) 50% (기타지역) 기본세율	50%	70%	70%
	2년 미만	40%	기본세율		40%	60%	60%
	2년 이상	기본세율	기본세율		기본세율	기본세율	

▶ 1년 미만 단기보유 분양권 - 70%
▶ 2년 미만~2년 이상 보유 - 60%
▶ 조정지역과 상관없이 모든 지역에 적용

다주택자 중과세율 인상 2021. 6. 1~

▶ 조정대상지역 2주택자 - 기본세율 +20%

▶ 조정대상지역 3주택자 - 기본세율 +30%

일시적 1가구 2주택 비과세 요건도 강화됐는데, 기존 주택과 신규 주택이 조정대상지역에 있다면 신규 주택 취득 시기에 따라 비과세 적용 매도 시기가 달라진다. 첫째, 2018년 9월 13일 이전 취득한 신규 주택은 기존 주택을 3년 내에 매도해야 비과세가 유지된다. 둘째, 2018년 9월 14일에서 2019년 12월 16일 사이 취득한 신규 주택은 기존 주택을 2년 내에 매도해야 비과세를 받는다. 셋째, 2019년 12월 17일 이후 취득한 신규 주택은 기존 주택을 1년 내 매도해야 하고, 신규 주택을 1년 내 전입해야 비과세를 받을 수 있다.

자료 4-17. 신규 주택 취득 시기에 따른 일시적 2주택 비과세 요건 강화

기존주택 - 조정대상지역	**2018. 9. 13 이전 취득한 신규 주택** - 기존 주택 3년 내 매도
+	**2018. 9. 14~2019. 12. 16 취득한 신규 주택** - 기존 주택 2년 내 매도
신규주택 - 조정대상지역	**2019. 12. 17 이후 취득한 신규 주택** - 기존 주택 1년 내 매도/신규주택 1년 내 전입

한편 분양권 취득에 따른 일시적 1가구 2주택 비과세 요건은 기존 주택 취득 후 1년 이내 신규 분양권을 취득하면 3년 이내 기존 주택을 처분해야 한다. 투자는 하는 것도 중요하지만 이러한 관련 규제 등을 파악하고, 적절히 대처해야 잃지 않는 투자를 할 수 있다. 다음의 자료 4-18을 보면, 분양권 취득 시기에 따라 양도세 계산법이 달라지는 것을 볼 수 있다. 먼저 A주택과 B주택의 취득일은 각각 2016년 1월 1일, 2018년 6월 1일로 동일하게 가정했다. 하지만 분양권의 취득일은 하나는 2020년 8월 1일이고, 다른 하나는 2021년 1월 5일에 취득한 것으로 설정했다. 그 결과 A주택을 2021년 3월 1일에 양도 시 2020년 8월 1일에 분양권을 취득한 경우는 일시적 1가구 2주택 비과세가 가능하다. 하지만 2021년 1월 5일에 분양권을 취득했을 때는 3주택으로 되어 A주택을 양도 시 30%

의 중과세율이 적용된다. 다시 한번 강조하지만, 분양권과 관련된 규제, 법 등을 파악하는 것은 굉장히 중요하고, 분양권의 취득 시점도 주택수에 영향을 미치므로 반드시 유념해서 투자해야 한다.

자료 4-18. 분양권 취득 시기 시뮬레이션

4. 분양권 투자 성공 시나리오

분양권 투자에 성공하는 방법으로는 첫째, 청약 당첨이 있다. 무주택자의 경우는 자신에게 맞는 특별공급 요건을 갖추고, 일반공급의 경우는 공공분양 아파트나 $85m^2$ 이하 아파트에 청약하면 성공률을 높일 수 있다. 1주택자의 경우는 주택을 처분하는 조건으로 입주지정일로부터 6개월 안에 기존 주택을 처분하면 청약에 당첨될 가능성이 크다. 다주택자는 $85m^2$ 초과 아파트로 추첨제가 가능하고, 무순위 청약이나 비관심 단지를 청약하는 것도 틈새 전략일 수 있다.

자료 4-19. 청약 당첨

01	특별공급 – 나에게 맞는 특별공급 요건 갖추기 일반공급 – 공공분양 아파트, 85m² 이하 아파트	**무주택자**
02	주택처분조건 입주지정일로부터 6개월 안에 처분	**1주택자**
03	85m² 초과 아파트 – 추첨제 비율이 높다. 틈새 전략 – 무순위 청약, 비관심 단지 청약	**다주택자**

둘째, 분양권을 매매하는 방법이다. 실거주자는 거주환경이 좋은 지역 및 단지를 선정하는 게 중요하다. 투자자는 해당 지역 및 단지의 입지를 파악하고, 분양가격, 프리미엄 등 안전마진도 분석해야 한다. 실거주와 투자 목적을 동시에 만족하려면 현재의 자금력에서 가능하면 가장 좋은 지역의 좋은 단지 분양권을 매매한다.

자료 4-20. 분양권 매매

01	거주환경이 좋은 지역 및 단지 생활환경 및 패턴과 적합한 지역 및 단지	**실거주 목적**
02	해당 지역 및 단지의 입지분석과 이해 분양가격, 프리미엄 등 안전마진에 대한 분석	**투자 목적**
03	현재의 자금력에서 가능하면 가장 좋은 지역의 가장 좋은 단지	**실거주 + 투자**

셋째, 미분양에 투자하는 방법이다. 미분양은 사실 양날의 검이라 다방면으로 검토해야 한다. 먼저 미분양의 발생 원인과 현재 부동산 경기의 흐름을 파악해야 한다. 또한, 해당 지역 및 단지의 입지를 분석하고, 해당 단지의 가치가 어떤지 살펴봐야 한다. 주의할 것은 혹시 모를 상황을 대비해서 자금력을 확보하고, 미분양 추이를 지속적으로 관찰하면서 멘탈을 관리해야 한다.

자료 4-21. 미분양 투자

01	미분양 발생원인 파악 현재 부동산 경기의 흐름 파악	파악
02	해당 지역 및 단지의 입지분석 해당 단지의 가치평가	분석
03	혹시 모를 자금력 확보 미분양 추이를 관찰하면서 멘탈 관리	관리

결국, 분양권 투자에 성공하려면 청약에 당첨되거나 계약금과 프리미엄을 주고 분양권을 매수해야 한다. 주택담보대출 비율을 늘린다면, 투자금이 적게 들어서 수익률을 높일 수 있고, 임대 시 전세가격의 비율이 상승한다면 이 역시 자금이 적게 들어 효율적인 투자를 할 수 있다.

자료 4-22. 분양권 성공 시나리오

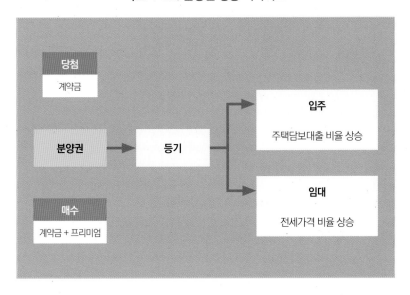

청약 도전하기

1. 청약이란?

청약이란 청약 관련 예금을 통해 일정한 요건을 갖춘 사람에게 동시분양되는 아파트에 청약할 수 있는 자격을 주는 제도다. 우선 청약주택은 공공분양하는 국민주택과 민간분양하는 민영주택으로 나뉜다. 국민주택은 국가나 지자체의 재정 또는 주택도시기금의 자금을 지원받아 건설하거나 개량하는 주택으로, 전용면적 $85m^2$ 이하인 주택이다. 공공택지는 특별공급은 85%, 일반공급은 15%다. 민영주택은 국민주택을 제외한 주택으로, 민간주택건설사업자들이 자기자본을 투입해서 건설해 분양하는 주택이다. 공공택지는 특별공급 58%, 일반공급 42%고, 민간택지는 특별공급 50%, 일반공급 50%다. 주택의 종류에 따라 청약자격, 당첨선정방식, 재당첨 제한 등이 다르므로 잘 구분할 필요가 있다.

또한, 공공주택은 사업자가 국가 또는 지방자치단체의 재정이나 주택도시기금을 지원받아 건설 또는 매입해 공급하는 주택을 말하고, 공공건설임대주택은 공공주택 특별법에 따른 공공주택 사업자가 직접 건설해 공급하는 임대주택이다. 도시형생활주택은 300세대 미만의 국민주택 규모에 해당하는 주택이며, 원룸형 주택, 단지형 연립주택, 단지형 다세대주택 등으로 구분된다. 오피스텔은 업무를 주로 하며, 분양하거나 임대하는 구획 중 일부 구획에서 숙식을 할 수 있도록 한 건축물이다. 아파트 청약 시 오피스텔 소유자는 주택 소유로 보지 않는다. 민간임대주택은 민간임대주택에 관한 특별법에 따라 등록된 임대사업자가 임대목적으로 공급하는 주택이고, 공공지원 민간임대주택은 임대사업자가 10년 이상 임대할 목적으로 취득해 임대하는 민간임대주택이다. 이 중에서 도시형생활주택, 오피스텔, 민간임대주택은 아파트 청약신청과 달리 별도의 청약통장 없이 청약신청 가능하며, 재당첨제한 등의 당첨자 관리제도가 없다.

청약 공급방법은 일반공급, 우선공급, 특별공급이 있다. 일반공급은 청약통장에 가입한 사람을 대상으로 가입기간, 금액 등에 따라 순위를 정해 입주자를 선정하는 가장 일반적인 방식이다. 우선공급은 일반적인 청약경쟁을 하되 특정 조건을 갖춘 사람에게 우선권을 주는 제도다. 예를 들면, 해당 주택건설지역 거주자 우선공급, 투기방지를 위한 지역 우선공급, 무주택 세대주 우선공급 등이 있다. 특별공급은 정책적, 사회적 배려가 필요한 계층 중 무주택자들의 주거 안정을 위해 일반 청약자들과 경쟁하지 않고 아파트를 분양받을 수 있도록 하는 제도다. 신혼부부, 다자녀, 노부모 부양, 국가유공자, 장애인 특별공급 등이 있다.

청약 가점은 청약신청자의 조건에 따라 가산점을 부여해 점수가 높은 순으로 청약당첨자를 결정하는 제도다.

- **무주택 기간** : 1년 미만이면 2점이고, 1년씩 늘어날 때마다 2점이 가산된다. 최고 15년 이상 무주택인 경우 최고 32점이다.
- **청약통장 가입 기간** : 1년 미만 2점이고, 1년씩 늘어날 때마다 1점이 가산되어 최고 15년 이상인 경우 최고 17점이다.
- **부양가족수** : 기본 5점에서 부양가족이 6명 이상인 경우 최고 35점이다.

청약통장은 국민청약종합저축, 청약저축, 청약예금, 청약부금으로 나뉘며, 국민청약종합저축은 국민주택과 민영주택을 공급받기 위해 가입하는 저축이다. 누구나 가입이 가능하고, 모든 주택에 청약이 가능하다. 청약저축은 국민주택을 공급받기 위해 가입하는 저축이고, 청약예금은 민영주택을 공급받기 위해 가입하는 예금이다. 청약부금은 주거전용면적 $85m^2$ 이하의 민영주택을 공급받기 위해 가입하는 부금이다. 이 중에서 청약저축, 청약예금, 청약부금은 2015년 9월 1일부터 신규가입이 중단됐다. 이 청약통장의 종류에 따라 청약 신청할 수 있는 주택의 종류가 달라진다. 청약통장은 1인 1계좌에 한해 가입이 가능하다. 가입조건은 연령, 자격 제한 없이 누구나 만들 수 있으며, 청약가점제 전략시 청약통장 가입점수가 중요하다. 청약통장 가입점수는 만점이 17점이고, 1년 미만은 2점, 1년마다 1점씩 최대 15년이다. 청약통장은 무조건 빨리 만드는 게 유리한데, 만 19세 이전 청약통장 가입자는 최대 2년을 인정해주므로, 만 17세부터 청약통장을 만드는 게 전략적이다.

청약통장의 1순위 요건은 다음과 같다.

- **규제지역** : 통장 개설 후 2년 경과
- **위축지역** : 통장 개설 후 1개월 경과
- **수도권** : 통장 개설 후 1년 이상 경과
- **수도권 외 지역** : 통장 개설 후 6개월 이상 경과

1순위 제한자는 다음과 같다.

투기과열지구 또는 청약과열지역 내 국민주택
① 세대주가 아닌 자
② 5년 이내 당첨된 자가 속해 있는 무주택 구성원

투기과열지구 또는 청약과열지역 내 민영주택
① 세대주가 아닌 자
② 5년 이내 다른 주택에 당첨된 세대에 속한 자
③ 2주택 이상 소유한 세대에 속한 자

청약자격에서 인정하는 세대는 세대 구성원으로 구성된 집단이다(주택공급신청자가 세대별 주민등록표에 등재되어 있지 않은 경우는 제외).

1. 주택공급 신청자
2. 주택공급 신청자의 배우자
3. 주택공급 신청자의 직계존속(배우자의 직계존속 포함) 및 직계비속(직계비속의 배우자 포함)
    - 주택공급 신청자 또는 주택공급 신청자의 배우자와 세대별 주민등록표상에 함께 등재되어 있는 경우만 인정
4. 주택공급 신청자의 배우자의 직계비속(직계비속의 배우자 포함)
    - 주택공급 신청자와 세대별 주민등록상 함께 등재되어 있는 경우에만 인정
    - 신청자와 동일한 주민등록표상에 등재된 재혼한 배우자의 직계비속 및 직계비속의 배우자

형제, 자매, 동거인 등은 청약자와 동일한 주민등록등본에 등재되어 있어도 세대에 속한 자가 아니다. 배우자 분리세대인 경우 배우자 및 배우자와 동일한 세대를 이루고 있는 직계존속 및 직계비속을 포함한다.

자료 4-23. 세대 속한 자 여부

출처 : 한국부동산원 청약홈

무주택세대 구성원은 세대에 속한 자 전원이 주택을 소유하고 있지 않은 세대 구성원이다. 외국인은 주민등록상 세대주나 세대원이 될 수 없으며, 주민등록 의무 대상이 아니므로 해당 사항이 아니다. 이 무주택세대 구성원 요건을 충족해야만 민영주택 특별공급 및 국민주택에 청약이 가능하다.

1. 청약신청자 본인의 무주택기간은 만 30세(만 30세 이전에 결혼한 경우 혼인신고일)부터 산정
2. 다자녀특별공급 무주택기간은 청약신청자가 성년(만 19세)이 되는 날부터 산정
3. 청약신청자의 배우자는 주민등록 분리세대인 경우에는 배우자 세대가 신청자와 동일한 주민등록등본에 등재된 것으로 봄
4. 만 60세 이상인 직계존속이 주택 또는 분양권 등을 소유하고 있는 경우에는 신청자가 주택을 소유하지 않은 것으로 본다. 다만 공공임대주택 및 노부모 부양 특별공급을 신청하려는 경우에는 주택을 소유한 것으로 봄

부양가족은 입주자모집공고일 현재, 주택공급신청자와 같은 세대별 주민등록등본에 등재된 세대다.

① 배우자(배우자 분리세대 포함)
② 직계존속(부모/조부모, 배우자의 직계존속 포함)
③ 직계존속은 청약신청자가 세대주이고, 입주자모집공고일을 기준으로 3년 이상 계속해 동일 주민등록등본에 등재된 직계비속(배우자 분리세대인 경우도 동일)

직계존속과 그 배우자 중 한 명이라도 주택을 소유(분양권 등 포함)하고 있는 경우에는 직계존속과 그 배우자 모두 부양가족으로 보지 않는다. 직계비속(자녀/손자녀)은 다음과 같다.

① 신청자와 동일한 주민등록등본에 등재된 미혼자녀
② 만 30세 이상인 자녀는 1년 이상 동일한 주민등록등본에 등재된 경우에 부양가족으로 인정
③ 혼인 중이거나 혼인한 적 있는 자녀는 부양가족으로 보지 않음
④ 손자녀는 부모가 모두 사망한 경우에만 부양가족으로 인정

외국인 직계비속은 부양가족으로 인정되지 않으며, 내국인 직계비속이라도 해외에 체류 중인 경우에는 부양가족에서 제외된다.

청약의 가점제를 계산하는 방식은 다음의 3개의 각 가점항목에 대해 산정한 점수(가점)가 높은 순으로 입주자를 선정하는 것이다.

가점항목
① 무주택기간 : 0~15년 이상
② 부양가족수 : 0~6명 이상
③ 입주자 저축 가입기간 : 0~15년 이상
민영주택의 입주자를 선정하는 방식(가점제/추첨제)
1. 85㎡ 이하의 주택(가점제 40% : 추첨제 60%)
2. 85㎡ 초과 주택(추첨제)
청약순위
1. 청약당첨자는 순위별로 선정 : 1순위 → 2순위
2. 동일한 청약순위 내에서의 당첨자 선정방식은 주택의 종류, 크기 및 주택건설지역에 따라 달라짐

지역별 예치금액은 민영주택 청약 신청 시 지역별, 전용면적별 예치금액이 상이하다. 서울/부산, 기타 광역시, 기타 시/군이 다르고, 85㎡, 102㎡, 135㎡, 모든 면적에 따라 예치금액이 다르니 자료 4-24를 꼼꼼히 확인하자. 입주자 모집공고일 이전에 예치금이 예치되어 있어야 청약이 가능하다.

자료 4-24. 지역별 예치금액

(단위 : 만 원)

구분	서울/부산	기타 광역시	기타 시/군
85㎡ 이하	300	250	200
102㎡ 이하	600	400	300
135㎡ 이하	1,000	700	400
모든 면적	1,500	1,000	500

무주택기간 또는 주택 소유는 다음 각 호 서류의 해당일을 기준으로 한다(다만, 1과 2의 처리일자가 다를 경우에는 먼저 처리된 날을 기준으로 한다).

1. 건물 등기사항증명서 : 등기접수일
2. 건축물대장등본 : 처리일
3. 분양권 등에 관한 계약서 : 부동산 거래신고 등에 관한 법률 제3조에 따라 신고된 공급계약체결일
4. 매매를 통해 취득하고 있는 분양권 등의 매매계약서
   - 분양권 등의 매매 후 신고된 경우에는 신고서상 매매대금 완납일
   - 분양권 등을 증여나 그 밖의 사유로 처분한 경우에는 사업 주체와의 계약서상 명의변경일
5. 그 밖에 주택 소유 여부를 증명할 수 있는 서류인 경우에는 시장 또는 군수 등 공공기관이 인정하는 날

주택 소유 여부를 판단할 때는 분양권 등을 갖고 있거나 주택 또는 분양권 등의 공유지분을 소유하고 있는 경우에는 주택을 소유하고 있는 것으로 본다.

예외

1. 상속으로 주택의 공유지분을 취득했을 시 3개월 이내에 그 지분을 처분한 경우
2. 개인주택사업자가 분양을 목적으로 건설해 분양완료했을 시 3개월 이내에 이를 처분한 경우
3. 사업자로 등록한 개인사업자가 근로자의 숙소로 사용하기 위해 주택을 건설해 소유하고 있거나 공급받아 소유하고 있는 경우
4. 20㎡ 이하의 주택 또는 분양권 등을 소유하고 있는 경우(2호 또는 2세대 이상 소유는 제외)
5. 60세 이상의 직계존속(배우자의 직계존속을 포함)이 주택 또는 분양권 등을 소유하고 있는 경우
6. 공부상 주택이나 폐가 또는 멸실, 다른 용도로 사용되고 있는 경우, 3개월 이내에 이를 멸실하거나 실제 사용하고 있는 다른 용도로 공부를 정리한 경우
7. 무허가건물을 소유하고 있는 경우
8. 소형(60㎡ 이하)·저가주택(8,000만 원 이하~수도권 1억 3,000만 원 이하) 등을 1호 또는 1세대만을 소유한 세대에 속한 사람으로 민영주택의 일반공급을 신청하는 경우(국민주택 청약 시에는 적용 안 됨)
9. 입주자를 선정하고 남은 주택을 선착순의 방법으로 공급받아 분양권 등을 소유하고 있는 경우

당첨자는 주택을 공급받은 자 또는 입주자로 선정된 자를 말한다. 분양전환되지 않은 공공임대주택의 입주자로 선정된 자, 당첨 또는 공급계약이 취소, 무효된 자는 당첨자로 보지 않는다.

예비입주자는 특별공급 대상 주택수의 40%, 일반공급 대상 주택의 40% 이상의 예비입주자를 선정한다. 입주자의 계약 미체결

및 부적격자 당첨 취소 등으로 인한 미계약 및 당첨취소 물량에 대해 예비입주자에게 순번에 따라 공급하며, 추첨 방식으로 동·호수를 배정한다.

청약과열지역은 주택가격, 청약경쟁률, 분양권 전매량 및 주택보급률 등을 고려했을 때 주택분양 등이 과열되어 있거나 과열될 우려가 있는 지역으로 재당첨 제한 또는 1순위 당첨 등이 제한된다. 청약하려는 주택이 청약과열지역의 주택인지 여부는 해당 주택의 입주자모집공고문에서 확인할 수 있다. 청약과열지역에서 공급되는 주택은 당첨 시 재당첨 제한이 적용된다. 다음에 제시한 청약자는 청약과열지구에서 공급되는 주택에 1순위로 청약할 수 없다.

〈민영주택〉
· 세대주가 아닌 자
· 과거 5년 이내에 다른 주택에 당첨된 자의 세대에 속한 자
· 2주택 이상을 소유한 세대에 속한 자
· 민영주택 청약 시에는 배우자의 직계존속도 세대에 속한 자에 포함됨

〈국민주택〉
· 세대주가 아닌 자
· 과거 5년 이내에 다른 주택에 당첨된 자가 속해 있는 무주택세대 구성원

조정대상지역은 과열지역과 위축지역으로 나누는데, 현재 우리 나라에는 위축지역은 없다. 과열지역에 대해 알아보면 주택가격, 청약경쟁률, 분양권 전매량 및 주택보급률 등을 고려했을 때 주택분양 등이 과열되어 있거나 과열될 우려가 있는 지역으로 국토교통부장관이 지정한다.

조정대상지역에서 공급되는 오피스텔은 분양분의 20% 범위에서 그 건축물 건설지역의 거주자에게 우선 분양해야 한다.

투기과열지구는 주택가격의 안정을 위해 필요한 경우에는 국토교통부장관 또는 시·도지사가 지정하는 지역이다. 주택에 대한 투기가 성행하거나 성행할 우려가 있는 지역으로, 청약하려는 주택이 투기과열지구 내 주택인지 여부는 해당 주택의 입주자모집공고문에서 확인이 가능하다. 투기과열지구 내 주택에 1순위로 청약할 수 없는 경우는 앞서 설명한 청약과열지역에서 공급되는 주택에 1순위로 청약할 수 없는 경우와 동일하다.

대규모 택지개발지구는 택지개발사업이 시행되는 수도권 지역, 공공주택지구조성사업이 시행되는 수도권 지역 및 경제자유구역개발사업이 시행되는 구역으로 그 면적이 66만m^2 이상인 지역이다. 입주자(당첨자) 선정방식은 다음과 같다.

· 해당 시·도 거주자에게 일반공급물량의 50%를 우선 공급한
뒤, 나머지 50%를 기타지역 거주자에게 공급한다.
· 경기도는 해당 건설지역에 30%, 그 외 경기도에 20%를 우
선 공급한 뒤, 나머지 50%를 기타 지역 거주자에게 공급한다.

2. 청약 방법

청약 방법은 한국부동산원 청약홈에 들어가서 좌측의 청약신청 메뉴를 클릭한다. 아파트, 오피스텔/도시형생활주택/민간임대, 공공지원민간임대 중에 자신에게 맞는 메뉴를 클릭한다.

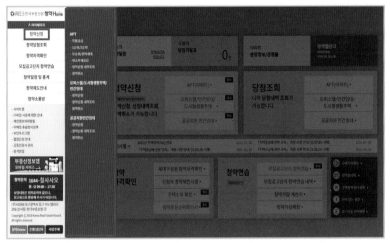

출처 : 한국부동산원 청약홈

청약신청 버튼을 누르고, 공동인증서로 로그인한다.

출처 : 한국부동산원 청약홈

청약신청할 수 있는 아파트들이 나열되고, 청약 가능 단지는 아파트 이름 앞에 ○표시가 되어 있는 양산 평산 코아루 에듀포레다.

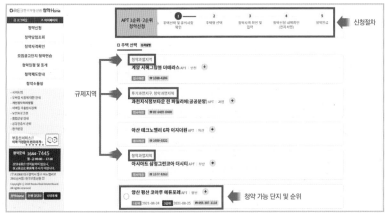

출처 : 한국부동산원 청약홈

해당 아파트 이름 우측의 노란색 +키를 누르면, 다음과 같이 입주자모집공고 정보, 청약일정, 공급대상 등도 아울러 살펴볼 수 있다.

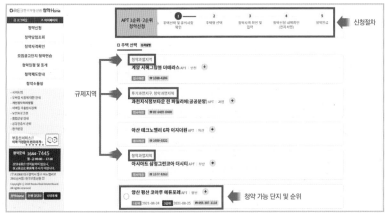

출처 : 한국부동산원 청약홈

이후 청약을 신청하는 것은 아파트 이름 앞에 ○표시에 체크 표
시를 하고, 다음 버튼을 누른 뒤 절차에 따라 신청하면 된다.

출처 : 한국부동산원 청약홈

이 외에도 처음이라 잘 모르는 분들은 마찬가지로 한국부동
산원 청약홈에서 모집공고단지 청약연습-청약가상체험을 클릭
해 청약연습을 해볼 수 있다. 또한, 모집공고단지 청약연습-청
약가점계산기를 누르면, 무주택기간을 선택하고, 부양가족을 체
크하며, 청약통장 가입일 등을 기입해 가점을 미리 계산해볼 수
도 있다.

3. 청약 조건과 가점

국민주택은 최초 입주자모집공고일 현재, 해당 주택건설지역 또는 인근지역에 거주하는 자로서 민법에 따른 성년자(만 19세 이상)와 다음의 어느 하나에 해당하는 세대주인 미성년자만 청약신청할 수 있다.

① 자녀를 양육하는 경우
② 직계존속의 사망, 실종신고 및 행방불명 등으로 형제자매를 부양하는 경우
③ 동일한 주민등록표등본에 함께 등재된 세대(청약신청자의 배우자, 직계존속, 직계비속) 전원이 주택 또는 분양권 등을 소유하고 있지 아니한 세대구성원

다만, 청약신청자의 배우자가 별도의 주민등록표등본에 등재되어 있는 경우에는(배우자 분리세대) 그 배우자와 배우자의 주민등록표등본에 등재된 직계존비속을 포함한다.

자료 4-25. 국민주택 청약순위별 조건

청약순위	청약통장 (입주자 저축)	순위별 조건	
		청약통장 가입기간	납입금
1순위	주택청약 종합저축	· 투기과열지구 및 청약과열지역 : 가입 후 2년이 경과한 분 · 위축지역 : 가입 후 1개월이 경과한 분 · 투기과열지구 및 청약과열지역, 위축지역 외 – 수도권 지역 : 가입 후 1년이 경과한 분 – 수도권 외 지역 : 가입 후 6개월이 경과한 분 (다만, 필요한 경우 시·도 지사가 수도권은 24개월, 수도권 외 지역은 12개월까지 연장 가능)	매월 약정납입일에 월 납입금을 연체 없이 다음의 지역별 납입 횟수 이상 납입한 분 · 투기과열지구 및 청약과열지역 : 24회 · 위축지역 : 1회 · 투기과열지구 및 청약과열지역, 위축지역 외 – 수도권 지역 : 12회 – 수도권 외 지역 : 6회 (다만, 필요한 경우 시·도 지사가 수도권은 24회, 수도권 외 지역은 12회까지 연장 가능) * 단, 월 납입금을 연체해 납입한 경우 주택공급에 관한 규칙 제10조 제3항에 따라 순위 발생일이 순연됨.
	청약저축		
2순위 (1순위 제한자 포함)	1순위에 해당하지 않는 분(청약통장 가입자만 청약 가능)		

　

국민주택 1순위 제한자는 투기과열지구 또는 청약과열지역 내 국민주택에 청약하는 경우 청약통장이 1순위에 해당해도 2순위로 청약해야 한다.

· 세대주가 아닌 자
· 과거 5년 이내에 다른 주택에 당첨된 자가 속해 있는 무주택 세대구성원

동일한 주택 및 당첨자 발표일이 동일한 국민주택에 대해 한 세대에서 한 사람만 청약을 신청해야 한다. 또한, 한 세대에서 2인 이상 청약 시 당첨취소 등 불이익이 발생할 수 있다.

민영주택은 최초 입주자모집공고일 현재, 해당 주택건설지역
또는 인근지역에 거주하는 자로서 민법에 따른 성년자(만 19세 이
상)와 다음의 어느 하나에 해당하는 세대주인 미성년자만 청약신
청할 수 있다.

① 자녀를 양육하는 경우
② 직계존속의 사망, 실종신고 및 행방불명 등으로 형제자매를
　부양하는 경우

자료 4-26. 민영주택 청약순위별 조건

청약순위	청약통장 (입주자 저축)	순위별 조건	
		청약통장 가입기간	납입금
1순위	주택청약 종합저축	· 투기과열지구 및 청약과열지역 : 가입 후 2년이 경과한 분 · 위축지역 : 가입 후 1개월이 경과한 분	납입인정금액이 지역별 예치금액 이상인 분
	청약예금		
	청약부금 (85㎡ 이하만 청약 가능)	· 투기과열지구 및 청약과열지역, 위축지 역 외 　- 수도권 지역 : 가입 후 1년이 경과한 분 　　(다만, 필요한 경우 시·도 지사가 24개월까 　　지 연장 가능) 　- 수도권 외 지역 : 가입 후 6개월이 경 　　과한 분 　　(다만, 필요한 경우 시·도 지사가 12개월까 　　지 연장 가능)	매월 약정 납입일에 납입한 납입인정금액 이 지역별 예치금액 이상인 분
2순위 (1순위 제한자 포함)	1순위에 해당하지 않는 분(청약통장 가입자만 청약 가능)		

민영주택 1순위 제한자는 청약주택별 다음 어느 하나에 해당
하는 경우 청약통장이 1순위에 해당해도 2순위로 청약해야 한다.

① 투기과열지구 또는 청약과열지역 내 민영주택에 청약하는 경우
  · 세대주가 아닌 자
  · 과거 5년 이내에 다른 주택에 당첨된 세대에 속한 자
  · 2주택 이상 소유한 세대에 속한 자
② 주거전용 $85m^2$를 초과하는 공공건설임대주택, 수도권에 지정된 공공주택지구에서 공급하는 민영주택에 청약하는 경우 2주택 이상 소유한 세대에 속한 자

청약저축 가입자의 민영주택 청약은 가입 후 1순위 자격을 취득해 납입인정금액이 각 지역별 청약예금 예치금액 이상인 경우 해당 청약예금으로 전환해 청약할 수 있다.

특별공급은 무주택세대 구성원만 신청 가능한데, 기관추천과 신혼부부, 다자녀가구, 노부모부양, 생애최초 주택구입, 이전기관 종사자, 외국인으로 나누어 살펴볼 수 있다.

먼저 기관추천 특공은 대상 주택이 전용면적 $85m^2$ 이하의 분양주택(국민주택, 민영주택)이고, 한부모가족, 국군포로, 위안부피해자, 철거주택세입자 기관추천의 경우에는 공공임대주택이다. 단, 투기과열지구 내 분양가격 9억 원 초과주택은 제외다. 특별공급 물량은 국민주택 10%, 민영주택 10%인데, 시·도지사의 승인을 받은 경우 초과 공급이 가능하다. 대상자는 입주자모집공고일 현재, 공급대상인 무주택세대 구성원으로서 관계기관의 장이 정하는 우선순위 기준에 따라 대상자로 선정된 자다. 국가유공자, 북한이탈주민, 장애인, 중소기업 근무자 등이 있는데, 여기서 중소

기업 근무자는 자신의 조건이 부합하는지 확인하고, 기관추천 특공을 노려보는 것도 좋다.

신혼부부 특공도 마찬가지로 대상 주택이 전용면적 $85m^2$ 이하의 분양주택(국민주택, 민영주택)이고, 투기과열지구 내 분양가격 9억 원 초과 주택은 제외다. 특별공급물량은 건설량의 20% 이내이며, 대상자는 입주자모집공고일 현재, 혼인기간이 7년 이내여야 한다. 소득기준 충족은 해당 세대의 월평균 소득이 전년도 도시근로자 가구당 월평균 소득의 140%(신혼부부 모두 소득이 있는 경우는 160%) 이하여야 하고, 신혼부부 모두 소득이 있는 경우에는 한 사람의 소득은 140% 이하여야 한다.

다자녀가구 특공은 국민주택, 민영주택 대상으로 투기과열지구 내 분양가격 9억 원 초과 주택은 제외다. 특별공급물량은 건설량의 10% 이내이고, 승인권자가 인정하는 경우 15%다. 대상자는 입주모집공고일 현재, 미성년인 자녀 3명 이상을 둔 사람이다(태아, 입양자녀 포함). 소득기준 충족은 공공주택 특별법 적용 국민주택은 해당 세대의 월평균 소득이 전년도 도시근로자 가구당 월평균 소득의 120% 이하여야 하고, 공공주택특별법 미적용 국민주택 중 다음 어느 하나에 해당하는 사업주체가 공급하는 주택으로, 해당 세대의 월평균 소득이 전년도 도시근로자 가구당 월평균 소득의 120% 이하여야 한다.

· 국가, 지방자치단체, 한국토지주택공사 또는 지방공사
· 자가 단독 또는 공동으로 총지분의 50%를 초과해 출자한 부동산 투자 회사

민영주택 및 앞서 말한 이외의 국민주택은 소득기준을 미적용한다.

노부모부양 특공의 대상 주택은 다자녀가구 특공과 같으며, 특별공급 물량은 국민주택 5%, 민영주택 3%다. 대상자는 일반공급 1순위에 해당하는 자로서 만 65세 이상의 직계존속(배우자의 직계존속 포함)을 3년 이상 계속해 부양하고 있는 세대주(같은 세대별 주민등록표등본에 등재)다. 무주택 세대주만이 신청할 수 있으며(세대구성원은 청약 불가), 투기과열지구 또는 청약과열지역의 주택에 특별공급 청약 시 과거 5년 이내에 다른 주택에 당첨된 자가 속해 있는 세대에 속한 자는 청약이 불가하다. 소득기준 충족은 다자녀가구 특공과 동일하다.

생애최초 주택구입 특공의 대상 주택도 다자녀가구 특공, 노부모부양 특공과 동일하다. 특별공급 물량의 경우 국민주택은 건설량의 25% 이내, 민영주택은 건설량의 7%(공공택지 : 15%) 이내다. 대상자는 생애최초(세대 구성원 모두 과거 주택을 소유한 사실이 없는 경우로 한정)로 주택을 구입하는 분으로서 다음의 요건을 모두 충족하는 경우다.

〈국민주택〉

- 일반공급 1순위인 무주택세대의 세대주 또는 세대구성원으로서 저축액이 선납금을 포함해 600만 원 이상인 분
- 입주자모집공고일 현재, 혼인 중이거나 미혼인 자녀(입양을 포함, 혼인 중이 아닌 경우에는 동일한 주민등록표등본에 올라 있

는 자녀를 말함)가 있는 분

· 입주자모집공고일 현재, 근로자 또는 자영업자로서 5년 이상
소득세를 납부한 분

＊ 투기과열지구 또는 청약과열지역의 주택에 특별공급 청약 시 과거 5년 이내에 다른 주택에
당첨된 자가 속해 있는 세대에 속한 자는 청약불가

〈민영주택〉

· 일반공급 1순위인 무주택세대의 세대주 또는 세대구성원인 분
(국민주택과 달리 선납금을 포함한 600만 원 이상 납부 대상 아님)

· 입주자모집공고일 현재, 혼인 중이거나 미혼인 자녀(입양을
포함, 혼인 중이 아닌 경우에는 동일한 주민등록표등본에 올라 있
는 자녀를 말함)가 있는 분

· 입주자모집공고일 현재, 근로자 또는 자영업자로서 5년 이상
소득세를 납부한 분

＊ 투기과열지구 또는 청약과열지역의 주택에 특별공급 청약 시 과거 5년 이내에 다른 주택에
당첨된 자가 속해 있는 세대에 속한 자는 청약불가

생애최초 주택구입 특공은 100% 추첨제이며, 소득기준 충족은
국민주택의 경우 해당 세대의 월평균 소득이 전년도 도시근로자
가구당 월평균 소득의 100% 이하여야 하고(2021년 2월 2일부터 공
급승인신청분부터 130% 이하인 분), 민영주택은 해당 세대의 월평
균 소득이 전년도 도시근로자 가구당 월평균 소득의 130% 이하
여야 한다(2021년 2월 2일 공급승인신청분부터 160% 이하인 분). 소
유자산 기준은 부동산은 2억 1,500만 원 이하, 자동차는 2,764만
원 이하다.

이전기관종사자 특공은 대상 주택은 행정중심복합도시(세종특별자치시), 도청이전도시, 혁신도시 등 비수도권으로 이전하는 공공기관, 학교, 의료연구기관, 기업의 종사자 등에게 공급하는 분양 및 임대주택이다. 청약자격은 입주자모집공고일 현재, 해당 기관 종사자로서 해당 기관에서 주택 특별공급 대상자 확인서를 발급받은 사람이다. 신청방법은 경쟁이 있을 경우 추첨으로 선정한다. 단, 행정중심복합도시 이전기관 종사자 등 특별공급은 관련 기준에 따라 무주택자에게 50%를 우선공급하며, 2주택 이상 소유한 세대에 속한 자는 신청할 수 없다(2020년 12월 1일부터). 제한사항은 세종특별자치시, 산업단지, 기업도시, 혁신도시, 주한미군 이전도시의 경우 특별공급 대상인 종사자와 그 세대에 속한 자(배우자 분리세대 포함)가 해당 주택건설지역에 주택을 소유하고 있는 경우와 해당 지역에서 공급한 주택의 일반공급에 당첨된 사실이 있는 경우에는 특별공급 대상자에서 제외된다.

외국인 특공은 외국인 투자의 촉진을 위한 시책을 추진하기 위해 외국인에게 공급하는 분양 및 임대주택이다. 청약자격은 입주자모집공고일 현재, 시·도지사가 정한 외국인 중 무주택자다. 신청방법은 경쟁이 있을 경우 추첨으로 선정한다.

청약제한사항을 확인할 수 있는 방법도 있다. 한국부동산원 청약홈에서 청약자격확인-청약제한사항확인을 클릭하면, 자료 4-27과 같은 화면이 나온다.

자료 4-27. 청약자격확인

청약자격확인

본 청약 신청 전 청약자격확인을 할 수 있습니다.

🏠 > 청약자격확인 > 청약제한사항확인

APT	오피스텔 / 도시형생활주택 / 민간임대	공공지원 민간임대
청약통장 가입내역	특별공급 청약내역	1·2순위 청약내역
무순위/잔여세대 청약내역	취소후재공급 청약내역	1순위 모집공고단지 청약연습 내역
당첨조회(최근 10일간)	청약제한사항 확인	순위확인서 발급내역

☐ 청약제한사항 확인

재당첨 제한	+
특별공급 제한	+
투기과열지구·청약과열지역(1순위 청약제한)	+
가점제 당첨 제한	+
부적격 당첨자 제한	+

출처 : 한국부동산원 청약홈

투기과열지구에서 공급되는 주택, 분양가상한제 적용 주택은 당첨일로부터 10년간 재당첨이 제한되고, 청약과열지역에서 공급되는 주택은 7년간 재당첨이 제한된다. 토지임대주택, 투기과열지구 내 정비조합은 5년간 재당첨이 제한된다. 이전기관종사자 특별공급주택, 분양전환공공임대주택은 수도권 내 과밀억제권역은 85m^2 이하는 5년, 85m^2 초과는 3년 재당첨이 제한된다. 재당첨 제한 대상 주택 당첨자 및 세대에 속한 자는 다른 분양주택에 청약할 수 없고, 투기과열지구 또는 청약과열지역을 제외한 민영주택의 경우에는 청약 가능하다. 계약 포기 시에도 재당첨제한이 적용되니 부적격 처리되는 것이 낫다.

그 외 다른 제한사항을 살펴보면 다음과 같다. 특별공급에 당첨된 세대는 다시 특별공급을 받을 수 없다. 다만, 철거되는 주택의 소유자 및 세입자는 주택공급에 관한 규칙 제55조에 따라 공급받을 수 있다.

투기과열지구·청약과열지역의 1순위 청약제한은 자료 4-28과 같다. 다음에 해당하는 사람은 청약통장 1순위자라도 1순위 청약이 불가하다(단, 2순위는 청약 가능하다).

자료 4-28. 1순위 청약제한(투기과열지구·청약과열지역)

아래에 해당하시는 분은 청약통장 1순위자라도 1순위 청약이 불가합니다(단, 2순위는 청약 가능).

민영주택	국민주택
- 세대주가 아닌 자 - 과거 5년 이내에 다른 주택에 당첨된 자의 세대에 속한 자 - 2주택(분양권 등을 포함하며, 토지임대주택을 공급하는 경우에는 1주택) 이상을 소유한 세대에 속한 자 * 분양권 등 : 주택 소유로 보는 경우 등 세부사항은 분양권 등 참조	- 세대주가 아닌 자 - 과거 5년 이내에 다른 주택에 당첨된 자가 속해 있는 무주택 세대 구성원

* 동일한 주민등록표등본에 함께 등재된 배우자의 직계존속 및 직계비속의 배우자도 국민 또는 민영주택에 관계없이 세대에 포함됩니다.

출처 : 한국부동산원 청약홈

한편 1순위 가점제 청약제한은 과거 2년 이내에 가점제로 당첨된 사실이 있는 세대에 속한 사람은 1순위 가점제로 청약할 수 없다.

부적격 당첨자는 당첨일로부터 공급을 신청하려는 주택의 지역에 따라 수도권은 1년, 수도권 외 6개월, 수도권과 수도권 외 위축 지역은 3개월 동안 다른 분양주택(일정기간이 지난 후 분양전환되는 공공임대주택 포함)의 입주자로 선정될 수 없다. 이렇듯 청약신청 시 부양가족수, 무주택기간 등을 잘못 산정해 부적격 처리를 받는 경우가 많다. 부적격 처리는 청약통장을 복구해서 다시 사용 가능하니 참고하자.

중복청약, 중복당첨 됐을 때 인정 여부는 자료 4-29와 같다. A
는 나고, B는 배우자라고 볼 때 규제지역의 같은 단지에 둘 다 청
약을 신청해서 당첨됐으면, 둘 다 부적격으로 재당첨이 제한된다.
또한, 서로 다른 단지라도 규제지역이라면 역시 둘 다 부적격이
고, 재당첨이 제한된다. 다른 경우도 꼼꼼히 확인해 부적격이 되
지 않도록 하자.

자료 4-29. 중복청약/중복당첨 인정 여부

민영주택 : 특별공급+일반공급/일반공급+일반공급			당첨 인정여부
구분	A	B	
같은 단지	규제지역 ○	규제지역 ○	둘 다 부적격 (재당첨 제한)
	규제지역 ×	규제지역 ×	둘 다 당첨
서로 다른 단지	규제지역 ○	규제지역 ○	둘 다 부적격 (재당첨 제한)
	규제지역 ○	규제지역 × (재당첨 제한 적용 단지)	A 부적격/B 당첨
	규제지역 ○	규제지역 ×	둘 다 당첨
	규제지역 ×	규제지역 ×	둘 다 당첨

4. 청약 당첨전략

청약 당첨의 확률을 가장 높일 수 있는 전략은 첫째, 특별공급이
다. 나에게 맞는 특별공급 전략을 세우고, 그것에 맞게 신청해야
한다. 앞서 이야기했듯이 주택을 처음 구입하는 사람은 생애최초

주택구입 특공에 신청할 수 있고, 혼인신고 후 7년 이내의 신혼부부는 신혼부부 특공, 미성년 자녀가 3명 이상인 가정은 다자녀가구 특공을 신청하는 것이 좋다. 또한, 노부모를 모시는 가정은 노부모부양 특공(만 65세 이상, 3년 이상 부양), 중소기업근로자는 지역 중소기업청에 문의해 자격요건을 확인하고, 기관추천 특공에 도전하는 것도 방법이다. 단, 부부가 동시에 특별공급에 청약 시 부적격 사유가 되니 이 점은 특히 주의하자.

또한 생애최초 주택구입 특별공급이 기준 완화되어 공공분양에만 있던 생애최초 주택구입 특별공급이 민간분양에도 적용되고 있다. 국민주택은 종전 20%에서 25%로 변경되어 공급되고, 민영주택은 종전에는 없다가 공공택지에는 15%, 민간택지에는 7%가 공급되는 것으로 변경됐다.

자료 4-30. 생애최초 특별공급 기준 완화

구분		특별공급						일반공급
		합계	기관 추천	다자녀	노부모	신혼	생애최초	
국민 주택	종전	80%	15%	10%	5%	30%	20%	20%
	변경	85%	15%	10%	5%	30%	25%	15%
민영 주택	종전	43%	10%	10%	3%	20%	–	57%
	변경 공공택지	58%	10%	10%	3%	20%	15%	42%
	민간택지	50%	10%	10%	3%	20%	7%	50%

신혼부부도 특별공급 소득기준은 도시근로자 월평균 소득으로 계산을 하는데, 이 또한 완화됐다. 공공주택의 경우 기존에는 도시근로자 월평균 소득의 100%, 맞벌이는 120% 이하였는데, 개

정된 안은 일반에도 30% 공급을 주고 외벌이는 130%, 맞벌이는 140% 이하로 소득기준이 완화됐다. 민영주택도 일반은 25%에서 30%로 공급이 늘어나고, 소득은 외벌이 120%, 맞벌이 130% 이하에서 외벌이 140%, 맞벌이 160% 이하까지 완화됐다. 도시근로자 가구당 월평균 소득의 160%는 889만 원인데, 1년으로 계산하면, 연봉이 1억 원이 조금 넘는다. 부부 합산 연봉이 1억 원인 부부도 신혼 특공 청약이 가능한 것이다.

자료 4-31. 신혼부부 특별공급 소득기준 완화

구분	현행		개정	
공공	도시근로자 월평균 소득의 100%(맞벌이 120%) 이하		우선 70%	좌동
			일반 30%	130%(맞벌이 140%) 이하
민영	우선 75%	100%(맞벌이 120%) 이하	우선 70%	좌동
	우선 25%	120%(맞벌이 130%) 이하	일반 30%	140%(맞벌이 160%) 이하

출처 : 기재부

도시근로자 가구당 월평균 소득

구분	100%	130%	140%	160%
3인 이하	555.5만 원	722.2만 원	778만 원	889만 원

둘째, 지역우선제도를 활용해 내가 사는 지역에 당첨받을 수 있는 전략을 세우자. 그 기준은 다음과 같다.

주택 청약 시 거주 기준
· 투기과열지구 : 2년 이상 거주
· 조정대상지역 : 1년 이상 거주
· 비조정대상지역 : 입주공고일 전날까지 전입

신혼부부 특별공급
· 공공분양 : 그 지역에 오래 살수록 우선권 부여

지역우선제도를 활용한 사례로 예전에 2기 신도시 판교의 경우 성남 거주자들의 당첨확률이 높았다. 3기 신도시의 경우도 신혼부부들이 미리 신혼 특공을 위해 전략적으로 이사하는 움직임도 있어 전세대란도 우려되고 있다.

셋째, 공공분양이냐, 민간분양이냐에 따라 당첨전략을 달리 세워야 한다. 공공분양 아파트와 민간분양 아파트에 당첨될 확률이 높은 경우는 다음과 같다.

공공분양 아파트
· 가점이 낮은 무주택자
· 가점 없이 청약통장 가입기간, 납입인정 금액 많을수록 유리
· 10만 원씩 납입인정금액 기준으로 많은 순 우선

민간분양 아파트
· 85㎡ 이하 아파트 : 가점제 비중이 높음
· 85㎡ 초과 아파트 : 추첨제 비중이 높음

민영주택 가점제, 추첨제 적용비율을 상세히 살펴보면 다음과 같다.

자료 4-32. 민영주택 가점제, 추첨제 적용 비율

구분	85m² 이하	85m² 초과
수도권 공공택지	가점제 100%	가점제 50% 이내에서 지자체가 결정 (나머지는 추첨제)
투기과열지구	가점제 100%	가점제 50%, 추첨제 50%
청약과열지역	가점제 75%, 추첨제 25%	가점제 30%, 추첨제 70%
기타지역	가점제 40% 이하에서 지자체가 결정 (나머지는 추첨제)	추첨제 100%

넷째, 예비당첨은 추첨 순위를 추첨할 때 순번이 아무리 높더라도 가보는 것이 좋다. 당첨자 자격심사를 할 때 부적격자, 청약포기자 등 보통 10% 정도가 나오는데, 인생은 어디서 행운이 올지 모르기 때문에 시도해보는 게 좋다. 예비당첨자 선정비율은 다음과 같다.

· 투기과열지구 : 500%
· 조정대상지역 : 300%
· 수도권(인천, 경기) : 300%
· 광역시 : 300%
· 그 외 지역 : 40%

무순위 청약(일명 '줍줍')은 특별공급, 1순위, 2순위, 예비당첨자도 다 채워지지 않았을 때 나오는데, 해당 지역 부동산 분위기에 따라 다르고, 분양가상한제 적용지역에서는 인기다. 이 무순위 청약에도 재당첨 제한기간이 적용되는데, 투기과열지구는 10년, 조정대상지역은 7년이다.

다섯째, 높은 경쟁률을 피해 당첨확률을 높이는 전략을 세우자. 가점제 전략을 세웠을 때 해볼 만한 가점이면 원하는 단지에 청약하고, 안정권이 아닌 가점은 남들이 조금이나마 관심을 덜 가지는 단지에 청약하자. 일반적인 4인 가족 기준 만점 가점은 69점이니 참고해서 진행하자. 추첨제 전략을 세웠다면, 가능한 곳은 다 넣자. 물론 추첨제는 무주택자와 기존주택처분 조건자가 우선이지만, 다주택자의 경우라도 추첨제 비중이 높은 $85m^2$ 초과 주택에 꾸준히 청약신청을 해서 확률을 높여보자. 1주택자는 주택처분 조건으로 청약 추첨제에 도전할 수 있는데, 미처분 시 계약 취소 및 벌금이 있으니 입주지정일로부터 6개월 안에 처분해야 할 것을 유념하자.

청약은 확률 게임이다. 부동산 규제가 나오고 난 후 처음으로 분양하는 단지는 경쟁률이 낮고, 누구나 기다리는 핫한 단지가 분양할 때 다른 단지는 상대적으로 경쟁률이 낮다. 또한, 특정지역에 처음 분양하는 단지는 경쟁률이 낮다. 젊은 세대들은 신혼 특공, 생애최초 특공 등으로 청약에 당첨될 수 있는 확률을 높이고, 1인 가구는 기관 특공, 장애인, 이전기관, 노부모부양 특공 등을 활용해 특별공급에 당첨될 수 있는 전략을 세우자. 미분양 단지는 입지가 괜찮다는 확신이 들면 철저히 분석해 도전하자.

부동산 투자에 있어서 '꼭 이래야 한다'라는 법칙은 없다. 청약을 준비하다가도 부동산 경기를 살펴보고, 현재 상황에 맞춰 주택 구입 여건이 된다면, 매매하는 것도 방법이다. '반드시 청약으로 집을 사야지' 하면서 세월을 보내지 말고, 적절한 투자 방법을 모색하자.

PART 05

초보자도
투자할 수 있는
재개발·재건축

01
재개발·재건축이란?

우리가 아파트를 살 때는 보통 시세에 버금가는 수준의 가격으로 산다. 물론 예외적으로 급매가 있긴 하지만, 이러한 형태는 공인중개사를 통해 매매로 사는 방법이다. 이 시세보다 저렴한 것이 일반 분양가격이다. 일반 분양가격은 시세보다 저렴하므로 우리는 통상적으로 프리미엄(P)을 얹은 가격으로 분양권을 산다. 그런데 시세보다 저렴한 일반 분양가격보다 더 저렴한 게 조합원 분양가격이다. 그런데 조합원 분양가격으로 아파트를 살 수 있는 것은 오직 조합원만 가능하다. 따라서 일반인이 조합원 분양가격으로 아파트를 사려면 프리미엄을 주고, 조합원 자격을 산 뒤 조합원 분양가격을 내고 입주권을 획득해야 한다. 이러한 투자가 재개발·재건축 투자다.

자료 5-1. 부동산 투자 기본 아이디어

재개발·재건축 투자는 도시 및 주거환경정비법(도정법)을 기반으로 이루어진 사업인데, 우리는 재개발·재건축 투자에 앞서 반드시 다음의 문서들을 참고해야 한다.

① 2030 ○○시 도시기본계획
② ○○시 도시주거환경정비 기본계획
③ 정비사업현황목록(+지도)

첫째, 2030 ○○시 도시기본계획은 예를 들어 부산의 경우, 부산시 홈페이지에 들어가서 도시·건축 > 도시계획 아고라 > 도시계획 정보 > 도시기본계획에 들어가면 PDF 파일을 다운받을 수 있다. 여기서는 특히 도시의 공간구조 부분에서 그림 등을 잘 보는 것이 중요하다. 이렇듯 관심 있는 해당 시에서 어떤 도시기본계획이 있는지 확인하는 것이 필요하다.

자료 5-2. 2030 부산시 도시기본계획

출처 : 부산시 홈페이지

둘째, ○○시 도시주거환경정비 기본계획은 부산의 경우 부산광역시 정비사업 통합홈페이지-부산시 정비사업-도시주거환경정비 기본계획을 클릭한다. 하단의 2030 부산광역시 정비기본계획(본보고서) PDF를 다운받아 점검한다. 인구가 50만 명이 넘는 지자체는 10년마다 도시주거환경정비 기본계획을 수립하고, 5년에 한 번씩 타당성 검사를 하는 것이 의무사항이다.

자료 5-3. 부산시 도시주거환경정비 기본계획

출처 : 부산광역시 정비사업 통합홈페이지

셋째, 정비사업현황목록은 반드시 확인해야 할 중요한 자료다. 부산시의 경우는 부산광역시 정비사업 통합 홈페이지-부산시 정비사업-정비사업추진현황-재개발사업(or 재건축사업)을 클릭하면 된다. 정비사업현황 엑셀파일을 다운로드해서 정비사업정보를 꼼꼼히 확인하고, 지도를 함께 보면서 체크하는 것이 중요하다.

자료 5-4. 부산시 정비사업현황목록

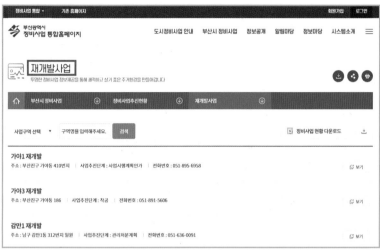

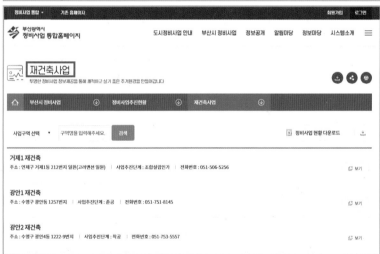

출처 : 부산광역시 정비사업 통합홈페이지

부산을 예로 들어서 설명했지만, 다른 시·도도 지자체 홈페이지를 통해 충분히 검토한 뒤 재개발·재건축 투자를 하는 게 좋다.

재개발사업은 정비기반시설이 열악하고, 노후불량 주택이 밀집한 주거지역을 대상으로 기존의 저층 주택들을 철거한 후 그 자리에 새로 공동주택과 그 규모에 적합한 정비기반시설을 설치하는 사업으로서 관리처분 방식으로 시행한다. 재건축사업은 정비기반시설은 양호하나 노후불량 건축물이 밀집한 지역을 대상으로 기존 주택을 철거 후 그 자리에 새로 공동주택을 건설하는 사업으로 관리처분 방식으로 시행한디.

이러한 재개발·재건축의 차이점은 다음의 자료 5-5로 구분했다. 둘 다 근거 법령은 도시 및 주거환경정비법(도정법)에 기반하고 있다. 정비기반시설의 경우 재개발은 열악하고, 재건축은 양호하며, 안전진단의 경우 재개발은 실시하지 않고, 재건축은 실시하는 데 차이점이 있다. 재개발은 조합원이 되려면 건축물, 토지, 지상권 중 하나라도 있으면 되고, 재건축은 건축물과 토지 둘 다 있어야 한다. 또한, 재건축은 재건축초과이익을 환수하지만, 재개발은 하지 않는다. 재개발은 주거 형태가 원룸, 꼬마상가, 오래된 단독주택, 빌딩 등 주거 형태가 달라서 이해관계가 다르다. 따라서 현금 청산자가 10~20%로 상대적으로 많은 편이며, 재건축은 주거 형태가 거의 비슷하므로 주민의 이해관계도 비슷해 현금 청산자가 상대적으로 적은 편이다.

보상비는 주거이전보상비나 상가영업보상비 등이 있는데, 예를 들어 재개발의 경우 상가를 소유한 사람은 재개발 기간에 월세를 받을 수 없으므로, 상가영업보상비 등을 받는다. 반면 재건축은 보상비가 없다. 기부채납은 개발 사업자가 재개발, 재건축을 할 때 일정 부분의 땅에 공공시설(도로, 공원, 공용주차장, 녹지, 광장 등 정비기반시설)을 설치해 국가나 지자체에 무상으로 제공하는 것이다. 기부채납을 하면 용적률 상향 등의 인센티브를 받게 된다. 재개발은 도로 폭을 넓히거나 녹지를 조성하는 등 기부채납이 상대적으로 많고, 재건축은 기부채납이 상대적으로 적다. 재개발은 분석과 예측이 상대적으로 복잡하고, 리스크도 있어서 실제 투자금은 상대적으로 적게 드는 편이고, 재건축은 분석과 예측이 비교적 단순해 투자자들이 몰려서 프리미엄이 일찍 형성되어 실투자금이 상대적으로 많이 든다. 재개발은 앞서도 말했지만, 이해관계 등이 복잡하게 얽혀 있어 사업 진행이 상대적으로 어렵고, 재건축은 상대적으로 쉬운 편이다.

자료 5-5. 재개발·재건축 차이점

구분	재개발	재건축
근거 법령	도시 및 주거환경정비법(도정법)	
정비기반시설	열악	양호
안전진단	실시 ×	실시
조합원 조건	건축물 or 토지 or 지상권	건축물+토지
개발 부담금	재건축초과이익환수 ×	재건축초과이익환수 ○
현금 청산자	상대적 많음(10~20%)	상대적 적음
보상비	○	×
기부채납(국가)	상대적 많음	상대적 적음
실투자금	↓	↑
분석/예측	비교적 복잡	비교적 단순
사업진행	상대적 어려움	상대적 쉬움

자료 5-6은 기부채납 비율을 살펴볼 수 있는데, 좌측은 서울 성북구의 재개발 기부채납 비율(18.37%)을 살펴볼 수 있다. 우측은 서울 마포구 재건축 기부채납 비율(12.7%)을 볼 수 있는데, 재개발보다는 기부채납 비율이 상대적으로 적은 것을 확인할 수 있다.

자료 5-6. 재개발·재건축 차이점(기부채납)

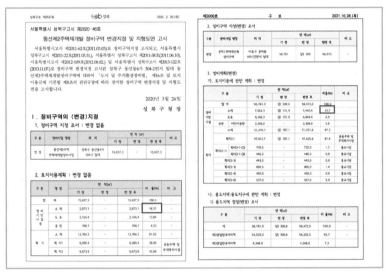

출처 : 서울특별시 시청 홈페이지 성북구 고시 제2020-46호, 마포구 고시 제2021-208호

재개발·재건축은 주택수와 이주수요에서도 차이점을 볼 수 있다. 먼저 자료 5-7과 같이 5층, 300세대인 건물을 37층짜리 고층 건물, 1,800세대로 재건축했다고 가정하자. 그 경우 세대수는 300세대에서 1,800세대로 증가했고, 주택수도 5층에서 37층으로 늘어났다. 따라서 공급도 증가했다고 볼 수 있다. 반면 재개발의 경우 1만㎡ 정도의 대지에 미용실, 세탁소, 단독주택, 병원 등 다양

한 형태의 건물들이 있고, 약 2,000세대가 거주하고 있다고 가정하자. 재개발의 경우 이 2,000세대 모두에게 입주권을 주는 것이 아니므로 이 땅에 1,000세대 정도가 들어갈 수 있는 아파트를 지으면 나머지 1,000세대는 신축 주변의 구축으로 몰릴 가능성이 있다. 따라서 이주 수요로 인해 구축도 부동산 가격이 동반 상승되는 경우가 많다.

자료 5-7. 재개발·재건축 차이점(주택수/이주수요)

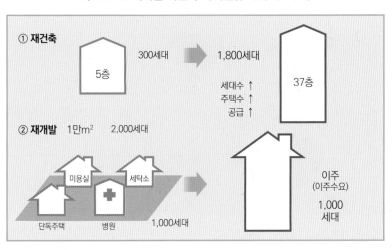

요약하면, 재개발은 주택 형태가 다양하고, 이해관계가 복잡해서 사업이 어렵고, 갈등이 있을 수 있다. 이에 따라 시간이 많이 소요되고 분석에도 어려움을 겪는다. 리스크도 존재해서 수익은 이 재개발 리스크가 없어지는 단계마다 계단식으로 늘어난다. 반면 재건축은 주택 형태와 이해관계가 비슷해서 사업이 쉽고, 진행도 상대적으로 원활한 편이다. 분석도 쉬운 편이어서 투자자들이 빨리 모여들고, 이에 따라 투자금이 많이 드는 측면이 있다.

이러한 재개발·재건축에 투자할 때는 프리미엄은 적절한지, 분담금은 얼마일지 대략 예측해보면서 프리미엄과 분담금을 합했을 때 내가 얼마의 투자금이 필요할지, 시간은 얼마나 걸릴지 판단해야 한다. 그에 따라 수익률도 결정되기 때문이다.

자료 5-8. 프리미엄과 분담금, 수익률의 삼각구도

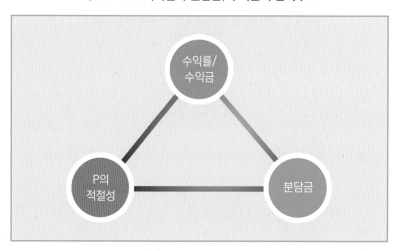

부동산 초보자인 우리는 시간과 돈, 둘 다 다 가지고 있으면 좋겠지만 그럴 순 없으므로 자본금이 없으면 시간을 들여야 하고, 자본금이 많으면 시간을 아낄 수 있다. 재개발·재건축은 항상 시간과 돈의 싸움이다. 나는 돈은 없는데, 시간은 버틸 수 있다고 한다면, 초기에 진입하면 된다. 반면 나는 돈이 있는데, 리스크를 못견디고, 확실한 수입을 기대한다면, 관리처분인가 후 시간도 짧게 리스크도 줄이면서 돈을 많이 투자하면 된다.

자료 5-9. 두 마리의 토끼 – 시간과 돈

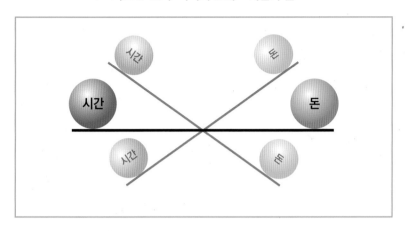

Tip | 재개발·재건축 용어 정리

1. 비례율 : 재개발·재건축 사업성을 알려주는 기준이다. 100% 이상이면 사업
성을 높게, 100% 이하면 사업성을 낮게 본다. 사업성이 높을수록 조합원에
게 이익이 돌아가고, 낮을수록 그만큼 조합원에게 부담이 된다.

2. 종후자산평가액 : 재개발 사업 후 자산가치를 평가한 총액을 말한다. 조합원
분양수입과 일반 분양수입을 합한 금액이다.

3. 총사업비(공동 소요비용) : 총사업비는 공사비와 비공사비(기타 사업비)를 합한
금액이다. 재개발·재건축사업에 투입된 총비용이다.

4. 종전자산평가액 : 재개발·재건축사업이 시행되기 전 조합원들이 소유한 토지
및 건축물의 감정평가액을 합한 금액이다.

5. 감정평가액 : 조합원의 개별 부동산에 대한 평가금액이다.

6. 권리가액 : 조합원이 본인 소유의 부동산에 대해 권리를 주장할 수 있는 실제
금액이다. 감정평가액에 비례율을 곱해 금액을 산출한다.

7. 조합원 분양가격 : 조합원이 새 아파트를 받기 위해 내는 금액이다. 일반 분양가격의 80~90% 선에서 형성된다.

8. 일반 분양가격 : 조합원을 제외한 나머지 물량은 청약 등을 통해 일반 분양하는데, 일반 분양가격은 조합원보다 통상 10~20% 높게 책정된다.

9. 분담금 : 조합원 분양가격에서 권리가액을 뺀 것으로, 조합원이 새 아파트를 받으려면 조합에 추가로 납부해야 하는 금액이다. 예를 들어 조합원 분양가격은 8억 원인데, 권리가액이 5억 원이라면 조합원은 3억 원의 분담금을 더 내야 한다.

10. 대지지분 : 아파트 전체 단지의 대지면적을 가구수로 나누어 등기부에 표시되는 면적이다. 대지지분이 많으면 용적률이 낮아서 더 많은 아파트를 신축할 수 있다. 등기부를 보면 다음과 같은 대지권비율이 대지지분이다.

등기사항전부증명서			
(대지권의 표시)			
표시번호	대지권종류	대지권비율	등기원인 및 기타사항
1	1, 2, 3, 4 소유권대지권	49,330분의 36.1982	

11. 실제 호가 : 실제 호가는 조합원 분양가격과 분담금의 합에 프리미엄까지 포함한 금액이다.

12. 매도청구 : 재건축 조합설립에 동의하지 않은 주택 소유자에게 조합이 강제로 주택을 매도하도록 청구하는 것이다.

13. 현금청산 : 재개발 사업에 동의하지 않은 소유자가 있을 때, 새 아파트를 받을 권리인 조합원 자격을 포기하고 현금으로 보상받는 것을 현금청산이라고 한다.

02
재개발·재건축 투자
왜 해야 하나?

재개발·재건축 투자는 오래 걸린다거나, 어렵고, 돈이 많이 들
며, 위험하다는 선입견이 있다. 하지만 재개발·재건축 투자는 반
드시 해야 한다. 그 이유로는 다음과 같다.

첫째, 사람들은 누구나 신축 아파트를 선호한다. 신축 아파트에
대한 열망은 인간의 욕구이므로 잠재울 수가 없다. 현재의 자녀
세대는 성인이 될 것이고, 성인이 된 그들은 신축 아파트를 원할
것이기 때문이다.

둘째, 청약 당첨 가능성이 매우 낮다. 4인 가족 기준, 무주택기
간을 14년 이상 유지해도 당첨되기가 하늘에 별 따기다. 더구나
1주택자는 기존 주택을 처분하는 조건으로만 1순위 청약에 지원
할 수 있어 사실상 청약으로 내 집 마련하기는 어려운 일이 됐다.

셋째, 수요와 공급의 원칙 때문이다. 기존에 낙후된 주택은 헐고 새로 지을 수밖에 없는데, 재개발·재건축을 하게 되면 일대일로 똑같은 세대수가 공급되기도 하지만, 줄어들기도 한다. 주택이 필요한 사람은 많은데 공급이 못 따라가는 것이다. 한편 과거 아파트와 신규 아파트를 비교해보면 부지 활용 방법이 다르다. 2005년 이전과 이후에 건축된 아파트의 큰 차이점은 지상 주차장 여부다. 조경 시설의 규모도 다르다. 고층으로 지어진다고 세대수가 늘어나는 게 아니라 동 간격도 벌어져야 하고, 도로, 산책로, 조경공간 등을 추가로 만들어야 한다. 따라서 재개발·재건축이 계속되어도 공급은 늘 부족할 수밖에 없다.

넷째, 도심 한복판에 건축되기 때문이다. 택지개발을 할 경우 도심에서 멀기 때문에 직장인들은 출퇴근 시간이 오래 걸리고, 초기 몇 년은 상권 형성도 더뎌서 여러모로 불편을 감수할 수밖에 없다. 하지만 재개발·재건축이 진행되는 도심은 생활에 필요한 마트, 백화점, 병원, 영화관 등 인프라가 이미 구축되어 있다.

다섯째, 재개발·재건축을 하면 돈이 된다. 재개발·재건축에 참여하는 주체는 국가, 건설사, 조합원 & 입주자 등으로 구분할 수 있는데, 우선 국가 입장에서는 직접 공공부지를 개발하려면 세금이 들 수밖에 없다. 하지만 공공부지를 민간 건설에 위임하고, 민간 건설사는 개발을 완료 후 소유권을 국가에 다시 넘긴다. 국가 입장에서는 이득일 수밖에 없다. 또한, 민간 건설사는 조합원으로부터 오래된 주택과 토지를 싸게 매입해서 새로운 주택을 건설하면 비싼 가격에 팔 수 있으니 이득이다. 조합원 입장에서도 30~40년 된 오래된 주택은 저렴한데, 민간 건설사가 사주면 시세보다 비싸게 팔 수 있다. 직접 입주해도 되고, 팔고 나와도 되니 손해 볼 일이 없다. 입주자는 우선 사두면, 신축 아파트이므로 몇 년 뒤엔 부동산 가격이 상승할 수밖에 없다. 이렇듯 재개발·재건축은 참여하는 모든 주체에게 돈을 벌어주는 사업이다.

재개발·재건축 정보 어디서 얻나?

재개발·재건축 정보는 크게 세 군데서 얻을 수 있다. 바로 종이 정보, 사람, 기관이다.

첫째, 종이 정보는 정비 사업장에 가면 얻을 수 있는데, 조합창립총회 책자와 관리처분계획 책자로 나눌 수 있다. 우선 조합창립총회 책자는 대략적인 추정치라서 정확하진 않지만, 그래도 아무정보도 없는 상황에서 분양가격을 예측해볼 수 있는 귀한 자료다.

자료 5-10은 조합창립총회 책자에 나온 내용인데 먼저 총분양수입은 민간건설사가 벌어들인 이득이다. 산출근거는 조합원분양, 일반분양 및 부대복리시설 수입이다. 총사업비용은 인건비, 철근비, 감리비 같은 원가다. 개발이익은 총분양수입에서 총사업비용을 뺀 금액이다. 종전자산평가 총액은 부지의 토지 소유자, 등기권자의 자산을 감정평가한 총액이다.

신축비와 철거비는 공사비로 볼 수 있고, 기타사업비는 비공사비다. 공사비와 비공사비의 합계 금액은 총사업비로 2,937,451,108원이다. 또한, 여기 자료에는 없지만, 조합창립총회 책자를 꼼꼼히 살펴보면, 조합원 분양가격과 일반 분양가격 등이 대략적으로 나와 있다. 따라서 조합창립총회에 참석할 수 있는 기회가 생기면 꼭 가봐야 한다.

자료 5-10. 조합창립총회 책자

명목	금액			근거
총분양수입	5,138,164,792			조합원분양, 일반분양, 부대복리시설 수입
총사업비용	2,937,451,108			인건비, 철근비, 감리비 등
	명목		금액	
	공사비	신축비	2,195,109,428	
		철거비	28,507,916	
	비공사비	기타사업비	713,833,764	
	합계(=총사업비)		2,937,451,108	
개발이익	2,200,713,684			총분양수입- 총사업비용
종전 자산평가 총액	1,622,068,752			감정평가 총액

관리처분계획 책자는 금액이 확정되어서 수익률이 명확하다. 반면 리스크가 줄었으니 투자자들이 많이 진입해서 투자 가격이 너무

비싸서 수익률이 많이 나지 않는 단점이 있다. 투자는 하이 리스크 하이 리턴으로, 불확실성이 높아야 수익률이 높다. 따라서 우리는 불확실성을 예측할 수 있는 안목을 키워야 한다. 안목을 기르는 훈련은 바로 이러한 종이 정보를 꼼꼼히 확인하는 것에서 시작된다.

자료 5-11은 경기도 수원의 재개발 관리처분계획책자다. 구역을 체크하고, 총회일시를 확인하며, 카페 주소도 살펴보자. 조합에 전화도 해보고, 직접 찾아보는 것도 추천한다. 우측 이미지는 경과보고인데, 조합원 종전자산에 대한 감정평가와 종후자산 평가실시는 사업시행인가 이후에 한다든가, 어느 브랜드 건설사에서 공사도급계약서를 제출했다든가, 조합원 분양신청 공고 및 분양신청 접수는 언제라던지 하는 정보를 찾아볼 수 있다. 또한, 영업권 보상을 위한 기초조사 실시라는 항목이 있는데, 재개발이기 때문에 세입자 주거이전비나 상가영업보상비를 지급한다는 것을 알 수 있다.

자료 5-11. 관리처분계획 책자

출처 : 수원 115-10구역 주택재개발 정비사업 조합원 책자

자료 5-12에서는 공사도급계약서도 살펴볼 수 있는데, 이주비의 대여 항목도 살펴볼 수 있다. 보통 이주비는 개별 사업장마다 다르지만, 보통 조합에서 내는 경우가 많다. 이주비는 기본이주비와 추가이주비로 구분된다.

자료 5-12. 공사도급계약서

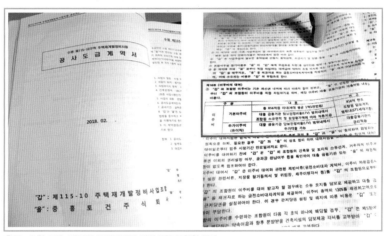

출처 : 수원 115-10구역 주택재개발 정비사업 조합원 책자

다음의 자료 5-13은 조합원 분양 시 계약금, 중도금, 잔금 등도 안내되어 있는데, 계약금은 부담금의 10%, 중도금은 부담금의 60%, 잔금은 부담금의 30% 정도 선이다. 중도금은 대출 전환이 되는지 등도 꼼꼼히 살펴봐야 한다. 또한, 마감자재 리스트도 있는데, 현관/발코니, 거실, 주방 등에 어떤 마감자재가 사용되는지 등도 아울러 확인할 수 있다.

자료 5-13. 계약금, 중도금, 잔금 안내 및 마감자재 리스트

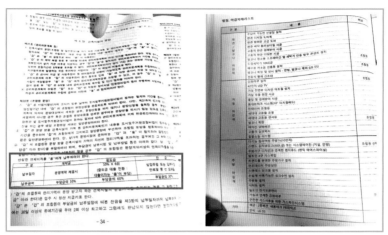

관리처분계획의 기준(안)은 좀 더 중요하게 체크해야 할 부분인데, 자료 5-14를 보면 정비사업의 종류 및 명칭, 시행구역의 위치, 면적 등을 알 수 있다. 여기서 중요한 것은 정비구역지정이 고시되면, 취등록세는 더 이상 1.1%가 아니다. 법인도, 개인도 부담스러울 수밖에 없는 상황이 된다.

한편 시공사 선정 총회를 보면, 처음에는 GS건설과 롯데건설이 참여한 것을 알 수 있다. 그런데 시공사 선정 변경 총회를 하면서 중흥건설이 됐다는 것도 알 수 있다. 이와 같은 상황은 이 정비사업의 사업성이 좋지는 않을 수 있다는 점, 재개발에 참여하는 사람들의 이해관계가 다 다르니 장기간 끌다가 중흥건설로 바뀌었을 것이라고 예측해볼 수도 있다.

이주 예정시기, 철거 예정시기도 중요하게 살펴봐야 할 항목인데, 보통 책자에 나온 시기보다는 뒤로 미루어지는 경우가 많지

만, 예측날짜를 가늠해볼 수 있는 단서이므로 체크해두자. 우측
상단을 보면 용적률은 194.18%로 높은 편은 아니고, 임대아파트,
분양아파트 세대수, 면적 등도 아울러 확인할 수 있다.

자료 5-14. 관리처분계획의 기준(안)

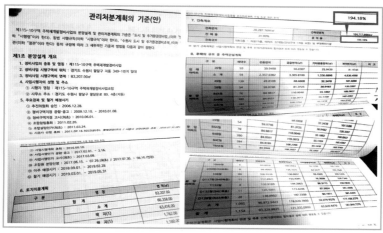

출처 : 수원 115-10구역 주택재개발 정비사업 조합원 책자

재개발 정비사업이라서 도로, 정비기반시설에 들어가는 도로,
어린이 공원, 녹지의 면적도 확인해볼 수 있고, 추정 비례율도 확
인해볼 수 있다.

비례율은 앞서도 말했지만, 100% 이상이면 사업성을 높게,
100% 이하면 사업성을 낮게 본다. 계산식은 다음과 같다.

$$추정\ 비례율 = \frac{(총수입 - 공통부담소요비용)}{분양대상\ 토지\ 등\ 소유자\ 종전\ 총평가액} \times 100$$

이 책자를 살펴보면 추정 비례율은 100.48%로 사업성은 괜찮다고 볼 수 있다.

$$추정\ 비례율 = \frac{(448{,}737{,}430{,}000 - 389{,}125{,}933{,}401)}{59{,}324{,}900{,}369} \times 100 = 100.48\%$$

자료 5-15. 조합원 분양기준가액

구 분	명 칭	면 적(㎡)	비
정비기반시설 등	도 로	8,769.00	
	어린이 공원	1,491.50	
	녹 지	2,051.00	

제5조 분양대상자별 분양기준가액 산정
1. 조합원 분담금(+) 또는 환급금(-) = 분양받을 아파트 또는 상가의 분양가액 - 조합원 분양기준가액
2. 조합원 분양기준가액 = 분양대상자별 종전 토지 및 건축물 평가액 × 추정비례율
3. 추정비례율 = (총수입 - 공통부담소요비용) / 분양대상 토지등소유자 종전 총평가액 × 100

= (448,737,430,000 - 389,125,933,401) / 59,324,900,369 × 100 = 100.48%

1) 총수입은 공동주택(아파트) 및 부대복리시설(상가), 종교부지 및 보류지 등에 대한 분양수입금 총 추산액(조합원분양, 보류시설 일반 ...며, 조합원 분양대상자 수의 변동과 관리처분계획에 대한 공람기간 중 제출된 의견 및 임대주택 매각금액 협의결과 등에 따라 총 수입 ...
2) 총사업비에 대한 세부내용은 「붙임 1. 정비사업비의 추산액 및 조합원 부담규모 및 시기 참조」
3) 위 수식에 따라 산출된 추정 비례율은 구역 내 분양대상 토지등소유자 종전 총평가액, 사업완료후의 대지 및 건축시설의 총수입, 총 ...

출처 : 수원 115-10구역 주택재개발 정비사업 조합원 책자

자료 5-16의 내용을 토대로 또 다른 추정비례율을 계산해보자. 분자는 자료 5-16의 수입추산액에서 합계 금액인 328,922,824,610원에서 공통부담소요비용 244,767,362,534원을 빼고, 분모는 분양대상토지 등의 총평가액 84,146,967,305원을 넣는다. 그리고

100을 곱하면, 100.01%로 사업성은 괜찮은 편이라고 할 수 있다. 하지만 재개발·재건축은 향후 사업이 진행되면서 변수가 많으므로 이 자료를 맹신하지는 말자.

$$\text{추정 비례율} = \frac{(328{,}922{,}824{,}610 - 244{,}767{,}362{,}534)}{84{,}146{,}967{,}305} \times 100 = 100.01\%$$

자료 5-16. 수입추산액과 추정비례율

구분			금액
수입추산액		계	328,922,824,610
	주택 분양 수입	조합원 분양	122,039,600,000
		일반 분양	175,323,600,000
		보류시설	1,040,000,000
	부대복리시설(상가)		5,986,314,610
	임대주택 매각비용		24,533,310,000
추정비례율	(수입추산액-공통부담소요비용)/분양대상토지 등의 총평가액 = 100.01%		
	공통부담소요비용		244,767,362,534
	분양대상토지 등의 총평가액		84,146,967,305

자료 5-17을 보면, 소요비용추산액에서 공사비와 기타 공사비 항목을 볼 수 있다. 보통 총사업비는 공사비+비공사비인데, 이 비율이 75:25 정도로 이루어진다. 재건축은 비교적 75:25의 비율을 유지하는 경향이 있지만, 재개발은 조금 다른데 65:35로 공사비+비공사비 비율이 달라지기도 한다. 이렇게 비공사비가 증가하고, 상대적으로 공사비가 줄어드는 이유는 재개발은 보상비를

지급해야 하기 때문이다. 참고로 보상비는 국공유지 매입비, 현금청산비용, 상가세입자영업손실보상비, 세입자주거이전비 등으로 구성된다.

자료 5-17. 정비사업비의 추산액 및 그에 따른 조합원 부담규모 및 부담시기

예비비는 보통 1%로 잡는 경향이 많은데, 자료 5-18을 보면 기타예비비로 1.04%를 잡은 것을 볼 수 있다. 그런데 예비비가 1%도 채 안 된다면 위험한 사업이라고 볼 수 있다. 이러한 매물을 인수할 경우에는 나중에 투자비가 더 들어갈 수 있으니 각오하고 투자해야 한다. 만약 4%의 예비비가 책정된 사업장과 1%의 예비비가 책정된 사업장이 있다면, 위기대처 능력이 더 뛰어난 것은 4%를 예비비로 잡은 사업장이다. 안정적인 사업이 될 가능성이 높고, 내 돈이 추가로 안 들어가며, 수익금이 높다. 한편 건축시설공사비 비율은 66.39%인데, 재개발의 경우 공사비와 비공사비 비율이 67:33 정도로 나올 수도 있다는 것을 참고하자.

재개발·재건축 투자 시 관리처분계획인가 이후에 투자하면, 리스크가 적고, 시간이 적게 들며, 수익은 확정적이지만, 수익률은 낮게 나온다. 반면, 조합설립인가 이후에 투자하면, 리스크가 많고, 시간이 오래 걸리지만 수익률은 높다.

자료 5-18. 소요비용추산액 기타 예비비

구분	항목	상세 내역	금액	비율
소요비용 추산액	계			
	조사측량비		230,000,000	0.09%
	설계비		1,180,108,166	0.48%
	공사비	건축시설공사비	162,508,777,258	66.39%
		건축시설공사비 부가세	1,565,000,000	0.64%
		건축물 철거비		0.00%
(중략)				
소요비용 추산액	기타경비	기타예비비	2,555,823,400	1.04%

한편 아파트의 향이 어디인지, 평면도는 어떤지도 꼼꼼히 살펴봐야 한다. 초보 투자자가 예상한 것과는 다를 수도 있어서 다음의 자료 5-19 같은 책자와 실제 뷰가 어떤지 꼼꼼하게 확인해보는 것이 중요하다.

자료 5-19. 위치도 및 평면도

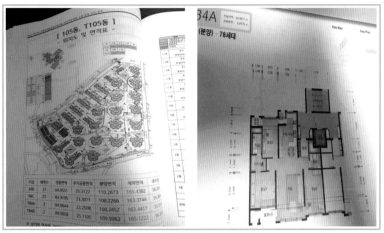

출처 : 수원 115-10구역 주택재개발 정비사업 조합원 책자

자료 5-20처럼 해당 동호수별 분양가격도 꼼꼼하게 체크하는 것도 잊지 말아야 한다.

자료 5-20. 동호수별 분양가격

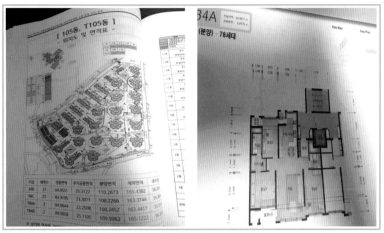

출처 : 수원 115-10구역 주택재개발 정비사업 조합원 책자

둘째, 사람에게서 얻을 수 있는 재개발·재건축 정보는 오픈 채팅방이나 부동산 카페, 밴드 같은 부동산 커뮤니티를 통해서 얻을 수 있다. 하지만 잘못된 정보로 현혹하는 사람들이 있어서 이런 커뮤니티에서 얻는 정보를 맹신하면 안 된다. 다음은 서울의 한 재건축 추진 아파트 입주민 카카오톡 메시지 중 일부를 발췌한 것이다. 이렇게 새로운 세력이 오픈 채팅방을 만들어서 뭔가 될 것처럼 분위기를 띄우고, 사람들에게는 팔지 말자고 하면서 본인은 집을 팔고 나가는 상황도 많이 있으니 주의하도록 하자.

자료 5-21. 재건축 추진 아파트 입주민 카톡 단체방

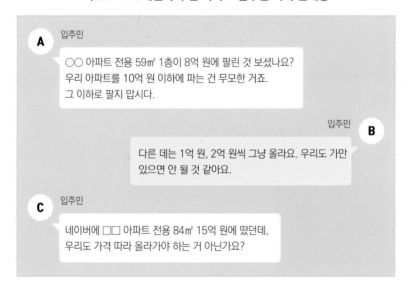

부동산은 큰 투자금이 드는 만큼, 내 인생이 걸린 문제이기 때문에 남이 하는 말에 쉽게 흔들려선 안 된다. 한편 부동산 중개사 무소에 가면 이런 말을 들어본 적 있을 것이다.

"어휴, 그 호가엔 팔기 어려울 텐데."

"조금만 가격을 낮추시면 가능할 것 같은데."

"저한테만 믿고 맡겨주세요."

"요즘 이 가격이면 정말 잘하신 거예요."

반은 맞고, 반은 틀린 말일 수 있다. 사람들의 말만 믿고 투자하지 말고, 현명한 투자자가 되기 위해서는 꾸준히 공부해서 스스로 판단할 수 있어야 한다.

셋째, 기관에서 재개발·재건축 정보를 얻을 수 있다. 재개발·재건축 정보는 우리나라 지자체 홈페이지에서도 얻을 수 있다. 인구가 50만 명 이상인 지자체에서 도시·주거환경정비기본계획을 PDF 파일 형태로 10년마다 제공하고, 5년마다 타당성 검토를 하고 있다.

Tip | 재개발·재건축 정보 사이트

기관(지자체)
· 서울 : 정비사업 정보몽땅
         (https://cleanup.seoul.go.kr)
· 부산 : 부산광역시 정비사업 통합 홈페이지
         (https://dynamice.busan.go.kr)
· 인천 : 인천광역시 추정분담금 정보시스템
         (https://renewal.incheon.go.kr)
· 대구 : 대구시 홈페이지(분야별 정보-도시주택·건설)
         (www.daegu.go.kr)
· 대전 : 대전광역시 홈페이지(행정정보-도시주택정보)
         (www.daejeon.go.kr)

· 광주 : 광주광역시 정비사업관리시스템
　　(https://hreas.gwangju.go.kr)
· 울산 : 울산광역시 남구 도시·주거환경정비사업
　　(www.ulsannamgu.go.kr)
· 수원 : 수원시 홈페이지(분야별 정보-도시)
　　(www.suwon.go.kr)
· 용인 : 용인특례시 홈페이지(분야별 정보-도시-주택/건축-주거환경)
　　(www.yongin.go.kr)
· 성남 : 성남시 홈페이지(분야별 정보-도시정비)
　　(www.seongnam.go.kr)
· 창원 : 창원특례시 홈페이지(부동산-정비사업현황)
　　(www.changwon.go.kr)
· 전주 : 전주시 홈페이지(분야별 정보-도시/주택-재개발/재건축-주택재개발/재건축
　　사업추진현황)
　　(www.jeonju.go.kr)
· 청주 : 청주시 홈페이지(분야별 정보-도시/주택/부동산-도시·주거환경정비-정비사
　　업 추진현황)
　　(www.cheongju.go.kr)
· 안양 : 안양시 도시정비사업
　　(www.anyang.go.kr/newtown/index.do)
· 남양주 : 남양주시 홈페이지(분야별 정보-도시/교통-정비사업-정비사업별자료)
　　(www.nyj.go.kr/main/1225)
· 포항 : 포항시 홈페이지(분야별 정보-건설도시-공동주택-주택정비사업현황)
　　(www.pohang.go.kr)

그 외 사이트
· 도시개발신문 : (http://udp.or.kr)
· 다이설 : (https://dysul.kr)
· 하우징헤럴드 : (www.housingherald.co.kr)

　　재개발·재건축 정보는 다음의 사이트에서도 확인할 수 있다. 이
중에서도 〈하우징헤럴드〉는 1년만 꾸준히 구독해서 읽어보자. 그

렇게 하면 우리나라의 재개발·재건축 사업의 흐름을 읽을 수 있을 것이다.

앞서 소개한 지자체 사이트에서 원문자료를 수집하고, 해석하는 습관을 들이도록 하자. 하지만 그에 앞서 본인의 인사이트가 없으면 자료를 제대로 해석할 수 없다. 정확한 자료를 검토하고, 해석할 수 있는 능력을 키우고, 블로그 등 다른 사람의 정보들도 잘 검색해서 재개발·재건축 지도 등을 그려보자. 지도로 재개발·재건축 지역을 확인하면 보다 입체적인 시각으로 바라볼 수 있다. 이러한 정보들을 충분히 해석한 상태에서 발품을 파는 것이 재개발·재건축 투자의 정석이다.

사업 단계 낱낱이 파헤치기

사업 단계를 모른다고 재개발·재건축 투자를 못 하는 건 아니지만, 알아두면 전체적인 큰 그림을 알 수 있고, 남들이 안 보이는 것이 보인다. 우선 심플 4단계는 다음과 같다. 단계별 앞글자를 청킹(Chunking)하면 '조사관착'인데, 외우기 쉽게 '조사관찰'로 바꿔보자. 이 '조사관찰'을 잘 알아야 재개발·재건축 투자를 잘할 수 있다.

심플 4단계(재개발·재건축사업 추진절차)

① 조합 설립

정비구역으로 지정됐다면 조합을 설립해야 한다. 조합을 세우기 위해서는 주민들의 동의율을 모아야 한다. 재개발은 토지 등 소유자의 3/4 이상, 토지 면적 1/2 이상 동의가 있어야 하고, 재건축은 토지 등 소유자 3/4 이상, 동별 구분소유자 1/2 이상, 토지 면적의 3/4 이상이 동의해야 한다. 토지 등 소유자의 동의를 받아 지자체에 조합설립승인을 요청하고, 지자체장으로부터 조합설립인가를 받아 법인설립등기를 마치면 추진위원회는 조합이 된다. 앞서 조합창립 책자를 살펴봤는데, 구할 수 있다면 꼭 보는 것이 좋다.

② 사업시행인가

사업시행인가는 건축을 해도 된다는 허가를 받는 것이다. 조합이 재개발·재건축 사업을 어떻게 시행할지 계획을 신청하면 해당 지자체는 건축, 교통, 환경 등 사업 내용을 검토한 후 인가를 결정한다. 사업시행인가를 받은 뒤에는 감정평가를 하고, 이 감정평가액을 기준으로 조합원 분담금(조합원 분양가격에서 권리가액을 뺀 금액)이 결정된다.

③ 관리처분계획인가

관리처분계획은 조합에 들어올 돈에 대해 집행계획을 세우고, 조합원들이 납부해야 할 돈을 정하며, 조합의 수익을 조합원들에게 어떻게 분배할 것인지 정하는 것이다. 관리처분인가를 받았다는 것은 사업이 거의 확정됐다고 볼 수 있다. 관리처분인가 후에는 이주와 착공이 시작된다. 앞서 관리처분계획 책자에 대해서 구체적으로 살펴봤는데, 책자를 구할 수 있다면 꼼꼼하게 체크하는 것을 잊지 말자.

④ 착공

이주 및 철거 이후엔 착공이 시작된다.

심플 4단계보다 구체적인 재개발·재건축사업 추진절차 세부 4단계에 대해 살펴보자.

세부 4단계(재개발·재건축사업 추진절차)

단계	세부내용	절차	주체
사업준비단계	· 토지 등 소유자 60% 이상 동의해 군수·구청장에게 신청 · 주거정비지수 평가, 지정요건 충족	사전타당성 검토	군수·구청장 → 시장
	· 공동주택 재건축에 한함 (재개발 x)	안전진단	군수·구청장
	· 주민공람(30일 이상) · 지방의회 의견청취 · 지방도시계획의원 심의	정비계획수립 및 정비구역지정	군수·구청장 → 시장
사업시행단계		조합설립추진위원회	군수·구청장
		▼ ← 정비업체 선정	
		조합설립인가	군수·구청장
		▼ ← 시공사 선정	
	· 주민공람(14일 이상) · 건축심의 등 관계기관 협의	사업시행계획인가	군수·구청장
		▼ ← 감정평가	
관리처분계획단계		조합원 분양 신청	
	· 주민공람(30일 이상)	관리처분계획수립	
		관리처분계획인가	군수·구청장
		▼ ← 이주/철거	
완료단계		착공	
		▼ ← 일반분양	
		준공 및 입주	
		이전고시 청산	

사전타당성 검토는 기존엔 없었던 절차인데, 최근에는 주민들이 사업의 타당성 검토를 요청하고 있다. 예전에는 지자체가 정비예정구역을 지정하고, 사업을 진행했다면, 현재는 토지 등 소유자가 60% 이상 동의해 군수·구청장에게 신청한다. 그래서 주거정비지수를 평가하고, 지정요건을 충족하면 해당 시에 검토를 요청한다.

앞서도 말했듯 안전진단은 재개발에는 없고, 재건축에만 있는 절차다. 재건축 사업은 이 '안전진단'이라는 요건을 꼭 충족해야 하는데, 안전진단이란 주택의 노후·불량 정도에 따라 구조안전성 여부, 보수비용 및 주변 여건 등을 조사해 재건축이 가능한지 판단하는 작업이다. 이 사전타당성 및 안전진단 등 지정요건 등을 다 충족했다면, 정비구역이 지정된다. 정비구역 지정의 기준이 되는 주거정비지수는 주민 동의율과 노후도 등을 점수로 환산하는데, 총점 70점이 넘어야 정비구역으로 지정될 수 있다.

자료 5-22는 주거정비지수 표인데, 이 표만 잘 봐도 투자하는데 판단지표가 될 수 있다. 예를 들어 주민동의, 노후도, 호수밀도 등의 세부 항목별 배점기준을 알 수 있다. 재개발 구역지정 요건은 거주민 60% 이상의 동의가 필요하며(재추진 시는 75%), 구역 면적은 1만㎡ 이상, 노후불량건축물이 전체 건물 연면적의 2/3 이상이어야 한다. 접도율은 40%, 호수밀도 60, 과소필지 40% 중 1개 이상 조건이 되어야 한다. 접도율은 정비구역 안의 너비 4미터 이상의 도로에 접한 건축물의 총수를 정비구역 내 건축물 총수로 나눈 비율이다. 즉 접도율이 높을수록 도로에 접한 호수가 많다. 호수밀도는 건축물이 밀집되어 있는 정도를 나타내는 지표로, 정비구역 면적 1헥타르당 건축되어 있는 건축물의 동수를 말한다. 과소필지는 지방자치단체의 조례가 정하는 면적에 미달하거나 도시계획시설 등의 설치로 인해 효용을 다할 수 없게 된 대지를 말한다.

자료 5-22. 주거정비지수

<table>
<tr><th colspan="8">〈 세부 항목별 배점기준 〉</th></tr>
<tr><th colspan="2">구 분</th><th>배점</th><th colspan="4">세부 항목별 배점기준</th><th>비 고</th></tr>
<tr><td rowspan="10">기본
점수</td><td rowspan="2">주민동의</td><td rowspan="2">50</td><td>60% 미만</td><td>60%~75%</td><td>75%~90%</td><td>90% 이상</td><td rowspan="2">60%미만
불가</td></tr>
<tr><td>-</td><td>30</td><td>40</td><td>50</td></tr>
<tr><td rowspan="2">노후도</td><td rowspan="2">30</td><td>2/3 미만</td><td>2/3~3/4</td><td>3/4~4/5</td><td>4/5이상</td><td rowspan="2">2/3미만
불가</td></tr>
<tr><td>-</td><td>10</td><td>20</td><td>30</td></tr>
<tr><td rowspan="2">과소필지
(사유지)</td><td rowspan="2">5</td><td>20% 미만</td><td>20%~30%</td><td>30%~40%</td><td>40% 이상</td><td rowspan="2"></td></tr>
<tr><td>2</td><td>3</td><td>4</td><td>5</td></tr>
<tr><td rowspan="2">도로
(택1)</td><td>연장율</td><td rowspan="4">5</td><td>20% 미만</td><td>20%~25%</td><td>25%~30%</td><td>30% 이상</td><td rowspan="4"></td></tr>
<tr><td></td><td>2</td><td>3</td><td>4</td><td>5</td></tr>
<tr><td></td><td>접도율</td><td>50% 초과</td><td>45%~50%</td><td>40%~45%</td><td>40% 이하</td></tr>
<tr><td></td><td></td><td>2</td><td>3</td><td>4</td><td>5</td></tr>
<tr><td></td><td colspan="2">호수밀도
(호/ha)</td><td>10</td><td>45~50호</td><td>50~55호</td><td>55~60호</td><td>60~65호</td><td>65호 이상</td></tr>
<tr><td></td><td colspan="2"></td><td></td><td>0</td><td>2.5</td><td>5</td><td>7.5</td><td>10</td></tr>
<tr><td rowspan="6">추가
점수</td><td colspan="2" rowspan="2">구역면적</td><td rowspan="2">+5</td><td>1만~1.5만㎡</td><td>1.5만~2만㎡</td><td>2만~3만㎡</td><td>3만㎡ 이상</td><td rowspan="2"></td></tr>
<tr><td>+2</td><td>+3</td><td>+4</td><td>+5</td></tr>
<tr><td colspan="2" rowspan="2">신축
건물율</td><td rowspan="2">-5</td><td>5% 미만</td><td>5%~10%</td><td>10%~15%</td><td>15% 이상</td><td rowspan="2"></td></tr>
<tr><td>0</td><td>-2</td><td>-3.5</td><td>-5</td></tr>
<tr><td colspan="2" rowspan="2">표 고</td><td rowspan="2">-5</td><td>60m 미만</td><td>60~70m</td><td>70~80m</td><td>80m이상</td><td rowspan="2"></td></tr>
<tr><td>0</td><td>-2</td><td>-3.5</td><td>-5</td></tr>
<tr><td colspan="2">100점 만점 기준</td><td>100</td><td colspan="4">항목별 점수 합계</td><td>70점이상</td></tr>
</table>

이렇게 사전타당성 검토에서 정비구역 지정이 되기까지의 과정만 해도 대략 3년 정도 걸린다. 정비구역이 지정되면, 이해관계가 다양한 소유자들이 다 모일 수가 없으므로 대표단, 즉 조합설립추진위원회가 꾸려진다. 이 추진위원회는 정식으로 법인 등록한 단체는 아니고, 임시 단체다. 추진위원회는 정비업체를 선정하는 일을 하며, 조합이 정식으로 설립되고, 법인으로 등록해 인가를 받

으면 자료를 넘기고, 위임한 뒤 해산한다. 조합이 설립되면 시공사를 선정하고, 앞서 봤던 조합창립총회 책자도 발행하는데, 구할 수만 있다면 꼭 검토해보자.

사업시행계획인가를 받은 뒤에는 감정평가가 이루어지게 되는데, 조합원들이 소유한 자산의 가치를 수치화해서 평가하는 것이다. 이 감정평가액을 기준으로 새 아파트를 받는 데 필요한 조합원 분담금이 결정된다. 이후 조합원들이 분양을 신청하고 난 뒤 관리처분계획이 수립된다. 앞서 살펴봤던 관리처분계획 책자가 이때 나온다. 관리처분계획이 인가가 나려면, 관리처분계획 총회 및 공람을 거쳐 관리처분계획인가를 신청해야 한다. 이 관리처분인가일을 기점으로 조합원의 물건은 '입주권'으로 바뀐다.

100% 이주가 끝나면 건물을 철거하고, 착공한다. 이때 일반인에게도 분양되는데, 이와 관련된 투자는 '분양권' 투자다. 입주권과 분양권 모두 새 아파트의 권리를 받는다는 점에서는 같지만, 입주권은 재개발·재건축 조합원에게서 나온 권리를 뜻한다. 반면 분양권은 일반분양에 성공한 청약 당첨자의 권리다.

일반분양을 마치면 준공인가를 받게 되고, 입주가 시작된다. 이후 공사가 완료됐음을 고시하고, 새로 지어진 아파트 동호수에 맞게 대지권을 나누어 이전하는 이전고시를 하고, 모든 사업을 청산하는 절차까지 마치면 재개발·재건축 사업은 완료된다.

자료 5-23은 재건축구역 지정 기준이다. 건축물현황은 해당 시의 조례 기준에 따라야 한다고 되어 있고, 주민 동의는 토지 등 소유자의 60% 이상 및 토지면적의 1/2 이상 동의해야 한다. 부지면적은 10,000㎡ 이상이어야 하고, 세대수는 200호 이상이어야 한다. 여기서 주의할 것은 세대수가 200호 미만인 곳에 재건축 투자를 해서는 안 된다. 노후도도 살펴봐야 하는데, 전체적으로 노후한지 살펴봐야 한다.

자료 5-23. 재건축구역 지정 기준

구분		지정요건
필수항목	건축물현황	○○시 조례 기준에 따름
	주민동의	토지 등 소유자의 60% 이상 및 토지면적의 1/2 이상 동의
	부지면적	부지면적 10,000㎡ 이상
	세대수	기존 세대수 200호 이상

안전진단을 통과하는 일도 만만치 않은데, 해당 아파트가 얼마나 안전한지, 또는 위험한지에 따라 A등급에서 E등급으로 진단한다. 이 중 최종 E등급을 받아야만 본격적으로 재건축을 추진할 수 있다. 만약 D등급을 받으면 적정성 검토를 통해 최종 통과 여부를 가린다. 2차 정밀 안전진단 검사에서 E등급이 나와야 안전진단을 통과할 수 있다. A~C등급은 재건축 고려 대상에서 완전히 제외된 등급이지만, 안전진단을 새로 신청해 처음부터 절차를 다시 밟아서 E등급을 받는다면 다시 재건축을 추진할 수 있다.

따라서 재건축 투자 시 이렇게 어려운 안전진단 통과에 대한 리스크를 줄이려면, 입지가 좋은 곳을 택해야 한다. 설사 내가 선택한 곳이 안전진단을 통과하지 못하더라도, 주변이 개발될 수 있고, 또 입지가 좋으면 가격 상승 여지가 있기 때문이다.

자료 5-24. 재건축 안전진단

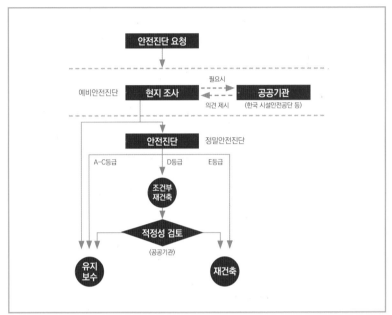

출처 : 국토교통부

자료 5-25를 보면, 안전진단 가중치도 조정이 됐다. 예전에는 주거환경이 나쁘면 내 집이 덜 낡았어도 가중치가 0.40이었지만, 개정된 사항을 보면 가중치가 0.15로 거의 가중치를 안 준다고 볼 수 있다. 내 집 주변이 허름한 건 아무 소용이 없는 것이다. 반면 구조안전성은 늘었는데, 해당 아파트가 실제로 낡아야 가중치를 얻는 것을 알 수 있다.

자료 5-25. 안전진단 종합판정을 위한 평가항목별 가중치 조정

구분	가중치	
	현행	개정
주거환경	0.40	0.15
건축마감 및 설비노후도	0.30	0.25
구조안전성	0.20	0.50
비용분석	0.10	0.10

　재개발·재건축은 사업 소요기간도 만만치 않게 길다. 예를 들어 부산시의 2018년~2020년 착공을 기준으로 살펴보면, 정비구역지정에서 관리처분계획인가까지의 기간이 10년 4개월 18일이 걸렸고, 정비구역지정에서 준공까지는 15년 10개월 28일이 걸렸다. 재개발·재건축은 평균적으로 15년 이상 걸리는 사업이기 때문에 단계마다 꼼꼼히 살펴봐야 하고, 리스크에 대해서도 대비해야 한다.

　하지만 사업 소요기간이 너무 길다고 좌절하지 말고, 재개발·재건축이 진행되는 단계에 따라 투자 타이밍을 잘 결정하면 그에 따른 수익을 얻을 수 있다. 초기에 투자해서 장기간 보유할 수도 있고, 중기에 살 수도 있고, 차익을 실현해 팔고 더 좋은 재개발지역에 투자할지 등은 본인의 선택에 따라 달려 있다. 다음의 자료 5-26을 보면, 조합설립인가 전이 1차 매수 타이밍이다. 이때는 수익률이 가장 높지만, 리스크도 가장 크고, 투자 시간도 오래 걸린다. 또 사업시행인가 후 감정평가가 완료되면 조합원의 평형 신청

자료 5-26. 재개발·재건축의 추진 절차

이 진행되는데, 이때도 중요한 투자 결정 단계다. 초보 투자자들이나 안전한 투자를 원하는 투자자들은 관리처분계획인가 후에 투자하기도 한다. 이때는 재개발·재건축 사업의 위험성이 대부분 해소됐기 때문에 안전하지만, 수익률은 높지 않다.

재개발·재건축은 쉬운 분야는 아니지만, 청약 당첨 가점은 점점 오르고, 신축 집값은 넘볼 수 없는 이 시점에 충분한 대안이 될 수 있다. 새 아파트에 대한 수요는 앞으로도 계속될 것이고, 조합설립인가, 사업시행인가, 관리처분계획인가 직후 프리미엄이 단계적으로 상승하기 때문에 이러한 재개발·재건축사업 단계에 따른 프리미엄 상승만 잘 알아도 현명한 부동산 투자를 할 수 있다.

PART 06

초보자도 할 수 있는
토지 투자

01
부동산 볼 때
땅부터 보자

부동산의 사전적 정의는 토지 및 그 정착물이다. 아파트, 상가, 주택, 창고, 공장 등 모든 건축물은 토지 위에 건축이 된다. 하지만 대부분의 사람들은 토지 투자를 논과 밭을 사는 것으로 생각한다. 식량을 중요하게 생각했던 예전이라면 어느 정도는 맞는 이야기지만, 현대사회에서는 농사짓는 땅을 크게 선호하지 않는다. 그렇다면 최근 토지 투자의 트렌드는 무엇일까?

자료 6-1. 바닷가 근처 촌집

출처 : 카카오맵

앞의 자료 6-1은 부산시 기장군에 위치한 토지로, 사람들이 선호하지 않는 촌집이다. 바닷가 앞이라 건물 부식도 심하고, 태풍시 위험하기 때문이다. 그러나 이러한 촌집도 철거해 카페와 같은 상업용 건물로 바꾸면 토지의 가치가 올라간다. 임대 시에도 촌집보다는 카페가 유리하다.

자료 6-2. 촌집 철거 후 상업용 시설로 변신

출처 : 카카오맵

다음 자료 6-3은 차를 타고 가다 보면 무심코 지나갈 수 있는 빈 토지다. 푹 꺼지고, 절벽에 걸쳐져 있어 저런 땅에도 주인이 있을까 싶다. 하지만 이 토지도 어떻게 사용하느냐에 따라 가치가 달라진다.

자료 6-3. 무심코 지나가는 빈 땅

출처 : 카카오맵

자료 6-4를 보면, 아무도 쓸 수 없을 것 같았던 땅이 5층짜리 상
가주택으로 변신했다. 알고 보면 상업용 건물을 지을 수 있는 매
우 쓸모 있는 토지였다. 너무 가팔라서 농사를 짓기도 힘들고, 잡
초만 무성할 수 있는 땅이지만, 이 땅의 단점을 활용해 싼 가격
에 매입 후 상업용 건물로 신축하면 토지의 가치를 높일 수 있다.

자료 6-4. 5층짜리 상가주택

출처 : 카카오맵

자료 6-5는 2층짜리 빨간 벽돌 주택으로, 드라마 〈응답하라 1988〉에 나올 것 같은 집이다. 이러한 단독주택에는 보통 2층에는 주인, 1층에는 세입자가 살았다. 하지만 이 주택도 리모델링을 통해서 상업용 건물로 바뀌었다.

자료 6-5. 평범한 단독주택에서 상업용 상가로 변화

출처 : 카카오맵

이렇듯 토지 투자를 함에 있어 토지를 싸게 매입해서 상업용 건물을 짓고 가치를 높이는 방법도 있지만, 아파트를 살 때도 건물보다 먼저 '땅'을 살펴보는 것이 중요하다.

자료 6-6은 부산시민공원 인근이다. 시민공원을 마주 보고 있는 이 땅은 최근 공원 인근에 아파트를 짓는 트렌드에 따라 공원뷰를 강조하며, 건설사에서 주택을 여러 채 매입해서 아파트를 지었다.

자료 6-6. 부산시민공원 인근

출처 : 카카오맵

하지만 공원뷰가 장점이었던 이 아파트는 타 건설사에서 바로 앞 땅 부지를 매입해서 다른 아파트를 짓는 바람에 전망이 막혀버렸다. 공원 조망이 나온다고 분양받았지만, 이젠 영원히 볼 수 없게 된 것이다.

　동 간 거리를 보면, 거의 앞집 이웃과 악수도 가능할 것 같다. 왜 이렇게 나는 운이 없을까, 한탄하기 전에 사실은 이 땅의 특성을 알았다면 이러한 실패는 막을 수 있는 상황이었다. 부동산의 본질인 땅을 보지 않고, 겉모습만 보고 사서 실패한 것이다.

　자료 6-8을 보면, 지적 편집도상 분홍색인 이 땅은 일반상업지역으로, 높은 고층건물을 지을 수 있는 땅이다. 일반상업지역은 현행 건축법상 일조권 조망권을 확보할 의무가 없다. 또한, 상업지 땅은 인접 대지 50cm까지 허가가 가능하다. 1번 아파트 앞에 2번 아파트는 고층으로 지어질 수 있고, 동 간 간격이 짧아도 되는 것이다.

　이렇듯 땅을 모르고 아파트를 매수하면 가격 하락의 원인이 된다. 나의 전 재산이자 대출을 갚아야 할 수도 있는 내 집의 가치가 떨어지는 것은 막아야 한다.

자료 6-8. 땅의 특성(일반상업지역)

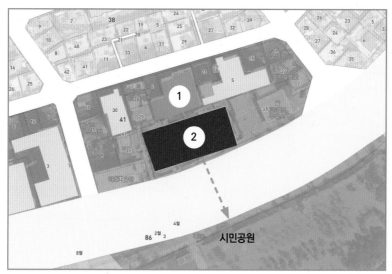

출처 : 카카오맵 지적편집도

02
토지 투자
왜 하는가?

토지 투자는 수익성, 안전성은 좋은데, 환금성이 부족하다. 그런데 이러한 토지 투자를 왜 해야 할까? 우선 그 전에 토지의 특징을 알아보자.

자료 6-9. 부동성_전 세계 하나밖에 없는 해운대 그랜드 호텔 부지

출처 : 카카오맵

첫째, 부동성이다. 땅은 위치가 고정되어 있고, 그 위치에 그 땅은 하나뿐이다. 예를 들어 해운대 그랜드 호텔 땅은 전 세계 딱 하나밖에 없고, 움직이지 않는다.

둘째, 부증성이다. 토지의 양은 임의로 증가시킬 수 없다. 땅은 줄지도, 늘지도, 생산할 수도, 만들 수도 없다. 따라서 생산 가능한 돈을 가지고 있을 것인지, 생산 불가능한 강남 땅을 가지고 있을 것인지 판단한다면 강남 땅을 사두는 것이 더 효율적일 수 있다. 이러한 토지의 부증성은 토지 가격을 앙등시키며, 지가 문제를 심각하게 한다. 예를 들어 대구 수성못은 물이 귀한 대구 지역에서 젊은이들이 데이트하기 좋은 장소로 인기인데, 수성못 뷰가 나오는 카페는 몇 개 안 된다. 영구조망 뷰가 나오는 땅은 증가할 수 없고, 대체재가 없어서 땅값은 올라갈 수밖에 없다. 아파트도 제일 비싼 아파트가 계속 오르는 이유는 이 부증성 때문이다.

자료 6-10. 부증성_대구 수성못 영구조망 뷰

셋째, 영속성이다. 토지는 영원하고 닳지 않기 때문에 타인에게 얼마든지 대여가 가능하다. 자동차나 건물같이 감가상각이 되지 않는다. 건물은 오래되고 낡아져서 무너져 내릴 수 있지만, 땅은 그대로다. 절대 없어지지 않는 영원한 부동산이 바로 토지다.

자료 6-11. 영속성_건물은 무너져도 토지의 가치는 영원하다

아파트, 상가건물, 공장 창고 등 모든 건축물은 땅 위에 지어진다. 결론적으로 말하면, 부동산의 본질적인 가치는 '땅'에서 비롯된다.

03
토지의 종류와
토지 가치

토지의 종류를 제대로 알기 위해선 우리는 '용도지역'의 뜻을 정확히 알아야 한다. 용도지역의 중요성은 다음의 예시를 통해 설명하도록 하겠다.

자료 6-12. 용도지역이 중요한 이유 예시

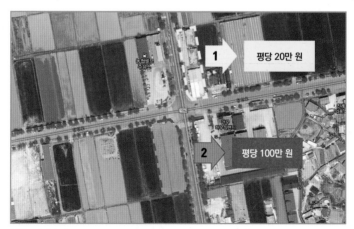

출처 : 카카오맵

앞의 자료 6-12를 보면, 1번 토지는 평당 20만 원이고, 2번 토지는 평당 100만 원으로, 평당가격 차이는 약 5배가 난다. 초보 투자자의 경우 아무래도 평당가격이 적은 1번 토지를 투자할 가능성이 큰데 과연 그 선택이 맞을까? 1번과 2번의 평당가격의 차이는 실은 용도지역에 따른 땅값의 차이다.

자료 6-13. 지적 편집도로 본 1번 토지와 2번 토지의 차이

출처 : 카카오맵

지적 편집도를 보면 1번은 초록색이고, 토지이용계획확인원을 보면 농림지역, 농업진흥구역이다. 농사만 지을 수 있는 토지이며, 농업 관련 시설 외엔 개발행위가 불가능하다. 반면 2번은 분홍색이고, 토지이용계획확인원을 보면 도시지역, 일반상업지역이다. 고층 빌딩을 지을 수 있는 땅이다. 이것만 보더라도 용도지역에 대한 순간의 선택이 개인의 앞날을 좌우할 정도로 중요하다.

자료 6-14. 1번 토지와 2번 토지의 토지이용계획확인원

소재지	경상남도 김해시 진례면 송정리 ▒▒번지		
지목	잡종지 ❓	면적	832 ㎡
개별공시지가(㎡당)	519,500원 (2021/01) 연도별보기		
지역지구등 지정여부	「국토의 계획 및 이용에 관한 법률」에 따른 지역·지구등	농림지역 , 도시지역 , 생산녹지지역 , 자연녹지지역 , 대로3류(폭 25M~30M)(저촉)	
	다른 법령 등에 따른 지역·지구등	가축사육제한구역(200m 제한지역)<가축분뇨의 관리 및 이용에 관한 법률> , 가축사육제한구역(모든축종 제한지역)<가축분뇨의 관리 및 이용에 관한 법률> , 농업진흥구역<농지법> , 배출시설설치제한지역<수질 및 수생태계 보전에 관한 법률>	
	「토지이용규제 기본법 시행령」 제9조 제4항 각 호에 해당되는 사항		

범례
- ☐ 도시지역
- ▨ 제2종일반주거지역
- ▨ 준주거지역
- ▨ 일반상업지역
- ▨ 생산녹지지역
- ▨ 자연녹지지역
- ▨ 농림지역
- ☐ 농업진흥구역
- ☐ 가축사육제한구역
- ☐ 배출시설설치제한지역
- ☐ 지구단위계획구역
- ☐ 완충녹지
- ☐ 대로3류(폭 25M~30M)
- ☐ 소로1류(폭 10M~12M)

☐ 작은글씨확대 축척 1 / 1200 ▼ 변경 도면크게보기

소재지	경상남도 김해시 진례면 송정리 ▒▒▒번지		
지목	답 ❓	면적	1,770 ㎡
개별공시지가(㎡당)	677,800원 (2021/01) 연도별보기		
지역지구등 지정여부	「국토의 계획 및 이용에 관한 법률」에 따른 지역·지구등	도시지역 , 일반상업지역 , 준주거지역 , 대로3류(폭 25M~30M)(저촉)	
	다른 법령 등에 따른 지역·지구등	가축사육제한구역(모든축종 제한지역)<가축분뇨의 관리 및 이용에 관한 법률> , 배출시설설치제한지역<수질 및 수생태계 보전에 관한 법률>	
	「토지이용규제 기본법 시행령」 제9조 제4항 각 호에 해당되는 사항		

범례
- ☐ 도시지역
- ▨ 제2종일반주거지역
- ▨ 준주거지역
- ▨ 일반상업지역
- ☐ 가축사육제한구역
- ☐ 배출시설설치제한지역
- ☐ 대로3류(폭 25M~30M)

☐ 작은글씨확대 축척 1 / 1200 ▼ 변경 도면크게보기

출처 : 토지이음

용도지역이란 건축물의 넓이, 높이 등을 제한함으로써 토지를 효율적으로 이용할 수 있게 분류한 것이다. 우리나라에서는 본인 소유의 땅도 국가가 정해놓은 규제에 따라 사용해야 한다. 만약 용도지역이 없다고 가정하면, 아파트 앞에 공장을 지을 수도 있어서 매연이나 폐수, 소음 등으로 삶의 질이 떨어질 수 있고, 아파트 뒤에는 공동묘지를 만들 수도 있다. 도시의 혼란을 막기 위해서 필요한 것이 용도지역인 것이다.

이러한 용도지역은 4가지로 구분되는데 도시지역, 관리지역, 농림지역, 자연환경보전지역이 있다. 여기서 도시지역, 관리지역은 투자 가치가 높고, 농림지역, 자연환경보전지역은 투자 가치가 떨어지는 측면이 있다.

첫째, 도시지역은 중심에 상업지역이 있고, 삶을 영위할 수 있는 주거지역과 일자리가 있는 공업지역, 주변에 자연환경을 느낄 수 있는 녹지지역이 있다. 자료 6-15를 보면 분홍색은 상업지역, 노란색은 주거지역, 보라색은 공업지역, 파란색은 녹지지역인 것을 볼 수 있다.

자료 6-15. 지적 편집도로 본 도시지역

출처 : 카카오맵

둘째, 관리지역은 보통 도시가 되기 전 단계인데, 보전관리지역, 생산관리지역, 계획관리지역이 있다. 도시가 발전하면서 사람들이 몰려와 공간이 필요할 때는 정부가 기존 도시와 가까운 위치에 있는 계획관리지역에 신도시나 산업단지 등을 건설한다.

셋째, 농림지역은 농업의 진흥과 산림의 보전을 위해 필요한 지역을 지정한 것이다. 국민의 식량을 담당하는 농림지역은 식량이 없어지면 국가적 위기가 올 수 있으므로 강력한 규제가 적용되고 있다. 농지법에 따라 농업진흥지역(절대농지)과 농업진흥지역 외 지역(상대농지)으로 나뉘는데, 농업진흥지역은 다시 농업진흥구역과 농업보호구역으로 나뉜다. 농업진흥지역(농업진흥구역)은 농업의 진흥을 도모해야 하는 지역으로 농업목적으로만 가능하고, 농업보호구역은 농업진흥구역의 용수원 확보 등 농업환경을 보호하기 위해 필요한 지역이다. 농업진흥지역 외 지역은 경우에 따라 농지 이외 목적으로 사용할 수 있도록 지정고시되어 있다.

자료 6-16의 토지를 보면, 좌측의 토지는 평당 50만 원, 우측의

자료 6-16. 계획관리지역과 농림지역

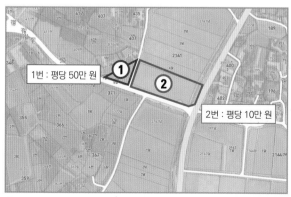

출처 : 카카오맵

토지는 평당 10만 원이다. 토지 모습을 보면, 1번 토지보다는 2번 토지가 모양이 네모반듯하고 좋아 보인다. 그런데 왜 토지 모양도 별로 좋지 않고, 작은 1번 토지가 평당가격이 더 높을까?

이 두 토지의 토지이용계획확인원을 보니 1번은 계획관리지역이고, 2번은 농림지역의 농업진흥구역인 것을 알 수 있다. 농업진흥구역은 앞서 설명했듯 강력한 규제로 인해 농업목적으로만 사용 가능하다. 그래서 토지의 투자 가치로 따지면 1번 토지를 매수하는 것이 낫다.

자료 6-17. 계획관리지역과 농림지역의 토지이용계획확인원

1번 토지 토지이용계획확인원
출처 : 토지이음

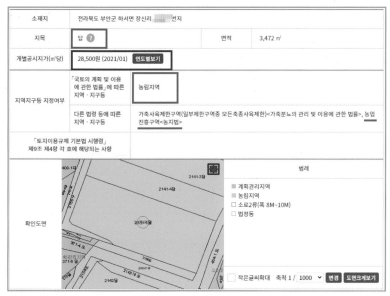

소재지	전라북도 부안군 하서면 장신리 ▨▨번지			
지목	답 ❓		면적	3,472 ㎡
개별공시지가(㎡당)	28,500원 (2021/01) 연도별보기			
지역지구등 지정여부	「국토의 계획 및 이용에 관한 법률」에 따른 지역·지구등	농림지역		
	다른 법령 등에 따른 지역·지구등	가축사육제한구역(일부제한구역중 모든축종사육제한)<가축분뇨의 관리 및 이용에 관한 법률>, 농업진흥구역<농지법>		
	「토지이용규제 기본법 시행령」 제9조 제4항 각 호에 해당되는 사항			

2번 토지 토지이용계획확인원
출처 : 토지이음

넷째, 자연환경보전지역은 자연환경, 수자원, 생태계, 상수원, 문화재 등 보호를 위해 필요한 지역이다. 환경오염 방지, 자연환경·수질·수자원·해안·생태계 및 문화재의 보전과 수산자원의 보호·육성을 위해 필요한 조사와 대책을 마련해야 한다. 하지만 토지 투자로는 비선호하는 용도지역이다.

한편 우리나라는 용도지역별로 넓이와 높이, 즉 건폐율과 용적률이 정해져 있다. 예를 들면, 내가 100평을 소유하고 있다고 해서 100평을 꼭 채워서 건물을 지을 수 있는 것이 아니다.

용도지역		건폐율	용적율
도시지역	제1종 전용주거지역	50% 이하	100% 이하
	제2종 전용주거지역	50% 이하	150% 이하
	제1종 일반주거지역	60% 이하	200% 이하
	제2종 일반주거지역	60% 이하	250% 이하
	제3종 일반주거지역	50% 이하	300% 이하
	준주거지역	70% 이하	500% 이하
	중심상업지역	90% 이하	1,500% 이하
	일반상업지역	80% 이하	1,300% 이하
	근린상업지역	70% 이하	900% 이하
	유통상업지역	80% 이하	1,100% 이하
	전용공업지역	70% 이하	300% 이하
	일반공업지역		350% 이하
	준공업지역		400% 이하
	보전녹지지역	20% 이하	80% 이하
	생산녹지지역		100% 이하
	자연녹지지역		100% 이하
관리지역	보전관리지역	20% 이하	80% 이하
	생산관리지역	20% 이하	80% 이하
	계획관리지역	40% 이하	100% 이하
농림지역		20% 이하	80% 이하
자연환경보전지역		20% 이하	80% 이하

건폐율이란 땅 면적을 얼마큼 넓게 쓸 수 있는지의 비율이다. 내 땅에 앉힐 수 있는 건축면적의 비율을 뜻한다. 자료 6-19를 보면, 2종 일반주거지역은 건폐율이 60%인데, 100평의 토지라면 60평이 건축 가능하다는 의미다.

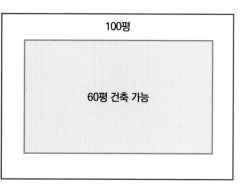

자료 6-19. 건폐율

용도지역	건폐율
제1종 전용주거지역	50%
제2종 전용주거지역	50%
제1종 일반주거지역	60%
제2종 일반주거지역	60%
제3종 일반주거지역	50%
준주거지역	70%

용적률은 건축물 연면적을 대지면적으로 나눈 비율이다. 땅 위에다가 얼마큼 건물을 높이 쌓을 수 있는지를 알 수 있는 비율이다. 다음의 자료 6-20을 보면, 제2종 일반주거지역의 용적률은 250%인데, 100평의 토지에 50평 건축물을 지으면, 5층을 쌓을 수 있다는 뜻이다. 이러한 용적률 계산 시 포함되지 않는 것은 지하층, 지상주차장, 피난안전구역, 경사 지붕 아래 대피공간 면적 등이다. 필로티 건물이 지어지는 이유도 용적률 산정 시 필로티 주차장은 제외되기 때문이다.

만약 건폐율의 상한선이 없다면 난개발이 심화될 수 있고, 용적률 상한선이 없다면 항공기가 이착륙할 때 제한이 있을 수 있으며, 도시 미관이 저해될 우려가 있다. 따라서 주거지역, 녹지지역은 용적률을 낮게 잡아 주민 생활을 보장하고, 상업지역은 용적률을 높게 잡아 균형 잡힌 도시계획을 유도할 수 있다.

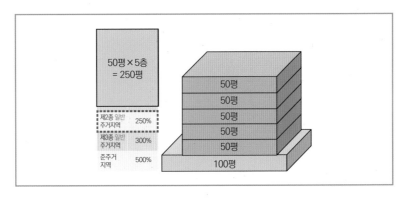
자료 6-20. 용적률

지목은 토지의 겉모습, 현재 상태를 말한다. 현재 농사를 짓고 있는 밭이라면 지목은 '전'이고, 땅 위에 건물이 있다면 지목은 '대'다. 땅의 쓰임새는 다음과 같이 28개의 지목으로 구분되어 있다.

자료 6-21. 지목의 종류

전	답	과수원	목장용지	임야	광천지	염전
대	공장용지	학교용지	주차장	주유소용지	창고용지	도로
철도용지	제방	하천	구거	유지	양어장	수도용지
공원	체육용지	유원지	종교용지	사적지	묘지	잡종지

도로 조건이나 용도지역, 입지는 바꿀 수 없지만, 지목은 변경이 가능하다. 지목이 '전'이었어도 건축하기 위해 변경 신청을 하면, '대'로 바뀔 수 있다. 따라서 토지 투자에는 큰 영향을 미치지 않는다.

04

기본 서류
확인하는 법

토지를 살 때 필요한 서류는 등기부등본, 지적도, 토지대장, 토지이용계획확인원이 있다. 이 중에서 토지이용계획확인원만 꼼꼼하게 잘 살펴봐도 토지 투자의 리스크는 어느 정도 막을 수 있다. 토지이용계획확인원은 필지별로 용도지역, 용도지구, 용도구역, 도시계획시설 등 각종 국가 규제 여부를 확인할 수 있는 '공적인 문서'다.

자료 6-22와 같이 토지이음 홈페이지에 들어가서 주소를 검색하면, 토지이용계획확인원을 확인할 수 있다.

자료 6-22. 토지이음 홈페이지

자료 6-23을 보면, ①은 소재지이고, ②는 지목으로, 이 토지의 지목은 '대'인 것을 알 수 있다. ③은 면적을 알 수 있는데 358m^2는 0.3025를 곱해 평으로 환산하면 108평이다. ④를 통해 개별공시지가는 232,000원인 것을 알 수 있으며, ⑤는 용도지역이 도시지역의 제2종일반주거지역인 것을 확인할 수 있다. 이를 통해 용적률을 계산해 건물을 대략 몇 층까지 지어 올릴 수 있는지 확인이 가능하다. 또한, 제한 사항을 살펴보니 가축사육제한구역인 것을 알 수 있다. ⑥은 확인도면으로, 토지의 지적 경계를 도면에 표시한 것이다.

이 토지이용계획확인원을 비롯한 각종 서류를 정확히 알고 투자해야 실패를 막을 수 있다. 꾸준한 연습으로 내 밥상은 내가 차려 먹을 수 있어야 한다.

자료 6-23. 토지이용계획확인원

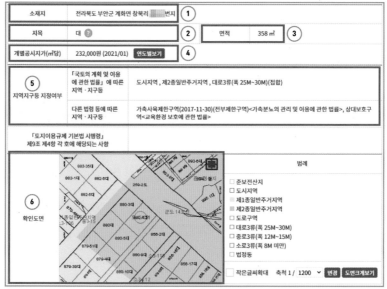

소재지	전라북도 부안군 계화면 창북리 ▨▨ 번지 ①			
지목	대 ⑦ ②		면적	358 ㎡ ③
개별공시지가(㎡당)	232,000원 (2021/01) [연도별보기] ④			

⑤ 지역지구등 지정여부	「국토의 계획 및 이용에 관한 법률」에 따른 지역·지구등	도시지역 , 제2종일반주거지역 , 대로3류(폭 25M~30M)(접합)
	다른 법령 등에 따른 지역·지구등	가축사육제한구역(2017-11-30)(전부제한구역)<가축분뇨의 관리 및 이용에 관한 법률>, 상대보호구역<교육환경 보호에 관한 법률>
「토지이용규제 기본법 시행령」 제9조 제4항 각 호에 해당되는 사항		
⑥ 확인도면		

범례
□ 준보전산지
□ 도시지역
■ 제1종일반주거지역
■ 제2종일반주거지역
□ 도로구역
□ 대로3류(폭 25M~30M)
□ 중로3류(폭 12M~15M)
□ 소로3류(폭 8M 미만)
□ 법정동

□ 작은글씨확대   축척 1 / 1200   [변경] [도면크게보기]

출처 : 토지이음

한편 토지를 매수할 때는 도로의 유무를 체크해야 한다. 건물을 지을 때 가장 중요한 것은 도로이기 때문이다. 도로가 있어야 건축이 되고, 건축이 되어야 토지 가치가 상승하는 것은 두말할 필요가 없다. 농사지을 땅에도 도로가 없다면, 남의 땅을 밟고 지나다니거나 경운기나 트랙터 등을 사용해야 하므로 도로의 유무는 반드시 확인하는 것이 중요하다.

건물을 지을 때 도로가 필요한 이유는 건축법에서 '교통, 안전, 방화 위생상 안전한 상태로 건물을 유지하고 보전하기 위해서 도로에 접하지 않은 토지에는 건축물의 건축을 허용하지 않는다'라고 규정하고 있기 때문이다. 이러한 도로는 건축법상 도로, 지적도상 도로, 도시계획도로, 현황도로, 소유권에 따른 도로가 있다.

첫째, 건축법상 도로는 건축물의 건축 시 당해 대지의 2m 이상이 4m 도로에 접해야 한다. 자료 6-24의 토지는 땅 모양이 독특하긴 해도, 2m 이상이 도로에 접해 있으므로 건축이 가능하다. 하지만 이 토지가 1m만 도로에 접해 있을 경우는 건축이 불가능하다.

자료 6-24. 도로의 종류_건축법상 도로

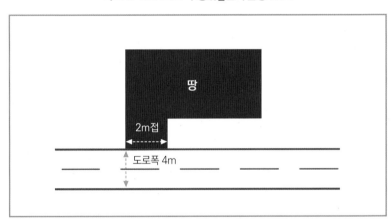

도로가 중간에 기타 시설물에 막혀 더 이상 통과 못하는 막다른 도로의 경우는 도로의 길이에 따른 도로 너비가 다음과 같이 규정되어 있다.

자료 6-25. 막다른 도로_도로의 길이에 따른 도로 너비

막다른 도로의 길이	도로 너비
10m 미만	2m 이상
10~35m 미만	3m 이상
35m 이상	6m 이상(도시지역이 아닌 읍면에서는 4m 이상)

예를 들어, 막다른 도로의 길이가 35m 이상이라면 도로 너비는 6m 이상이 되어야 건축이 가능하다. 단, 도시지역이 아닌, 읍·면의 경우는 4m 이상이면 된다.

자료 6-26. 막다른 도로의 길이가 35m 이상인 경우

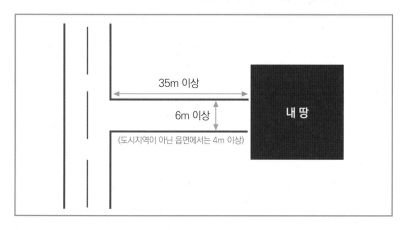

둘째, 지적도상 도로를 살펴보자. 우리나라의 토지는 지번이 다 있다. 예를 들어 부산 기장군의 토지가 지적도상 도로가 맞는지 확인하려면, 토지이음 홈페이지에 들어가서 주소를 입력하고, 토지이용계획확인원의 확인도면을 통해 확인이 가능하다. 자료 6-27의 좌측을 보면, 지목은 '도로'이고, 확인도면의 하단을 보면 '453-4도'라고 되어 있는데, 여기서 '도'는 도로를 의미한다.

자료 6-27. 지적도상 도로 표시

소재지	부산광역시 기장군 일광면 이천리 ▮▮번지			
지목	도로 ❓		면적	1,043 ㎡
개별공시지가(㎡당)	274,300원 (2021/01) 연도별보기			
지역지구등 지정여부	「국토의 계획 및 이용에 관한 법률」에 따른 지역·지구등	일반상업지역 , 제2종일반주거지역 , 방화지구 , 대로3류(폭 25M~30M)(접합) , 도로(저촉) , 소로2류(폭 8M~10M)(저촉)		
	다른 법령 등에 따른 지역·지구등	가축사육제한구역(2015-03-04)<가축분뇨의 관리 및 이용에 관한 법률>		
	「토지이용규제 기본법 시행령」 제9조 제4항 각 호에 해당되는 사항			
확인도면				

출처 : 토지이음

셋째, 도시계획도로도 마찬가지로 토지이용계획확인원을 통해 확인할 수가 있다. 자료 6-28의 상단 그림을 보면 농지로 보이는 이곳에 점선으로 계획도로가 예정되어 있다. 토지이용계획확인원의 확인도면을 확인하면, 빨간 선들이 도시계획도로 선이다. 이 도시계획도로와 관련해 토지 투자 시 유의할 것은 곧 도로가 날 거라고 하는 것에 혹해서 토지를 매수하면 안 된다는 점이다. 도시계획도로가 취소되는 경우도 있어서 반드시 해당 지자체에 문의해야 한다.

자료 6-28. 도시계획도로

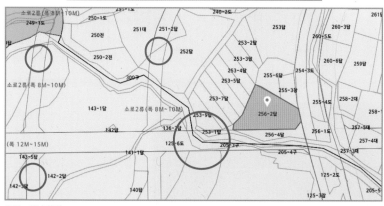

출처 : 카카오맵

넷째, 현황도로는 관습법상 도로로 사실상 도로로 사용되고 있으나 지적도상에 고시되지 않은 도로다. 자료 6-29의 토지이용계획확인원을 보면 지목은 '대'이고, 확인도면을 보면 도로의 표시가 없다. 하지만 로드뷰를 보면, 주민들이 사실상 도로로 사용하고 있는 것을 확인할 수 있다. 정부에서는 대부분의 주민들이 이 현황도로를 통행할 경우 도로로 인정해주고 있다. 하지만 건물 신축 시 해당 지자체에 도로로 인정되는지는 확인 절차가 반드시 필요하다.

자료 6-29. 현황도로(관습법상 도로)

소재지	부산광역시 기장군 장안읍 오리 ▩▩번지			
지목	대 ❓		면적	413 ㎡
개별공시지가(㎡당)	468,400원 (2021/01) 연도별보기			
지역지구등 지정여부	「국토의 계획 및 이용에 관한 법률」에 따른 지역·지구등	제1종일반주거지역 , 제1종지구단위계획구역		
	다른 법령 등에 따른 지역·지구등	가축사육제한구역(2015-03-04)<가축분뇨의 관리 및 이용에 관한 법률>		
	「토지이용규제 기본법 시행령」 제9조 제4항 각 호에 해당되는 사항	<추가기재> 건축법 제2조 1항 11호 나목에 해당되는 토지(건축법에 의한 도로존재)		

확인도면

범례
■ 제1종일반주거지역
■ 자연녹지지역
□ 제1종지구단위계획구역
□ 소로2류(폭 8M~10M)
□ 법정동

☐ 작은글씨확대 축척 1 / 1200 ▾ 변경 도면크게보기

출처 : 카카오맵

다섯째, 소유권에 따른 도로로 공도, 사도가 있다. 공도는 도로법상 국도이며 도로의 소유자가 국가이고, 사도는 도로의 소유자가 개인이나 문중, 단체 등이다. 소유자가 국가인지, 개인인지 알아보려면, 정부 24 사이트의 토지(임야)대장 확인을 통해 알아볼 수 있다. 주소를 입력하고, 민원을 신청하면 토지대장을 볼 수 있는데, 소유가 개인 이름으로 되어 있으면 사도, 지자체로 되어 있으면 공도다.

자료 6-30. 도로의 소유자 확인(정부 24)

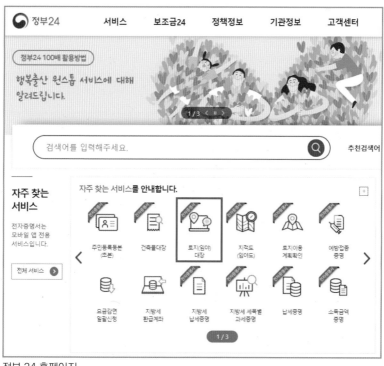

정부 24 홈페이지

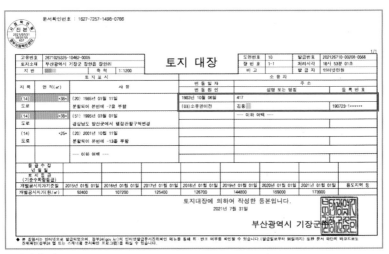

토지대장_사도

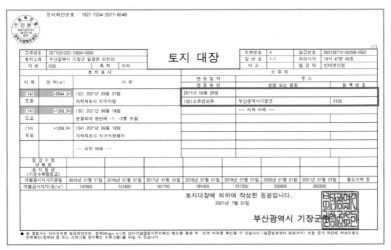

토지대장_공도

조금 더 쉽게 확인하려면 디스코 앱을 통해서도 공도, 사도 여부를 알 수 있다. 자료 6-31의 상단을 보면, 해당 도로는 군유지로 공도인 것을 알 수 있다. 국가 소유의 도로인 공도는 지자체 허

부린이 탈출을 위한 **부동산 투자 입문서**

락만 있으면 건물의 신축 행위가 가능하다. 동 자료 하단은 사도로, 개인 사유 재산이기에 개인의 허락을 맡아야 한다. 건축 승인을 받기 위해서는 도로 주인을 찾아가서 도로 사용 승낙서를 받아야 하는데, 실제 승낙을 받기가 매우 까다롭고 매달 소정의 지료를 요구할 수도 있어 주의해야 한다.

자료 6-31. 도로의 소유자 확인

공도 : 국가 소유 도로는 지자체 허락만 있으면 신축 행위가 가능함.

사도 : 개인 소유 도로는 개인 사유 재산이기에 개인의 허락을 맡아야 됨.
출처 : 디스코

05

좋은 땅과
안 좋은 땅

좋은 땅의 기준은 국책사업과 개발호재가 있는 곳으로 인구가 유입되는 땅이다. 국책사업은 국가가 책임지고 관리 추진하는 대규모 개발사업으로 도로, 철도, 항만, 공항, 신도시, 산업단지 등이 있다.

1개의 도심이 완성되려면 먼저 도시의 계획을 세우는데, 부산의 경우 서부산, 중부산, 동부산 이 3개의 개발 축으로 나누어서 도시를 계획했다. 2030년 도시기본계획을 살펴보면, 광복·서면을 중심으로 한 2도심, 강서·덕천·사상·하단·동래·해운대를 중심으로 한 6부 도심, 장안·기장·금정·가덕녹산을 중심으로 한 4지역 중심으로 도시기본계획이 되어 있다.

자료 6-32. 한 개의 도심이 완성되는 과정

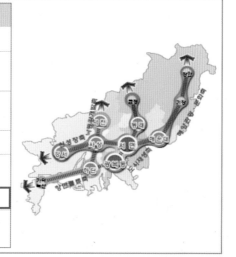

2030년 도시기본계획

- 다핵 분산형 중심지체계
- 승인연도 : 2011년
- 목표연도 : 2030년
- 부산시 전 행정구역 및 항만·어항구역 전체 (A=995.740㎢)
- 410만명
- 2도　심 : 광복·서면
- 6부 도 심 : 강서·덕천·사상·하단·동래·해운대
- 4지역중심 : 장안·기장·금정·가덕녹산
- 3대생활권 : 서부산권·중부산권·동부산권

출처 : 2030부산도시기본계획 자료(부산시청 홈페이지)

이 중 동부산을 구체적으로 보면, 광안리, 해운대구, 기장, 장안으로 이어지는 동부해안 관광산업축으로 계획이 되어 있고, 의료·문화·체류형 관광도시로의 변환을 통해 서부해안 해양산업축과는 차별화하고 있다. 또한 부산권 광역도로망 계획을 통해 도로 연결을 미리 알 수 있고, 철도망 계획을 통해 울산과 부산을 연결하는 등의 복선 전철화 계획도 볼 수 있다. 실제로 2021년 12월에 울산-부산 광역전철이 이 계획에 따라 개통됐다. 또한, 택지개발, 도시개발사업도 수용인구 등은 조금 달라질 수 있지만, 장안택지개발이나 일광도시개발사업 등도 기존에 계획되어 있었다는 것을 알 수 있다.

이러한 도시개발은 계획-발표-착공-완공순으로 이루어지는

데, 발표 시는 싼 가격에 토지를 매입할 수 있다. 하지만 투자 기간이 오래 걸리기 때문에 금융자본을 활용하기에는 위험이 따른다. 이 시기에는 소액 투자를 추천한다. 착공 시는 세금으로 공사를 시작하는 단계로, 안정적인 투자 시점이며, 금융자본을 활용할 수 있다. 투자금 대비 수익률이 가장 높은 시기이므로 금융자본을 최대로 활용할 수 있는 것도 팁이다. 완공 시는 실수요자 시장으로 토지 가격이 다소 비싸지만, 건물을 짓는 사람이 가격이 비싸도 분양을 해야 하고, 임대해야 하는 등 수요자를 계속 불러들이는 행위를 하므로 질적인 수요 시장이라고 할 수 있다. 결론적으로 말하면, 투자 시기는 착공 전, 또는 완공 전이 기간 대비 수익률을 가장 높일 수 있는 시기로 볼 수 있다.

자료 6-33. 발표, 착공, 완공 시 투자 특징

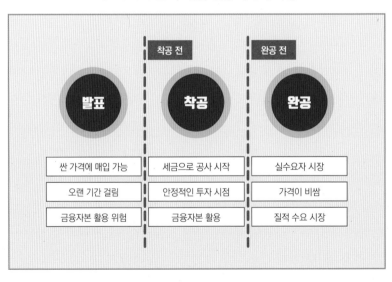

안 좋은 땅의 기준은 절대 건축할 수 없는 토지로, 요즘 시대에 맞지 않는 땅이다. 개발제한구역, 도시자연공원구역, 상수도보호구역, 하천구역 & 비오톱 1등급이 해당된다.

첫째, 개발제한구역은 말 그대로 개발이 절대로 안 되는 지역이다. 토지이용계획확인원을 통해서도 살펴볼 수 있으며, 초역세권이라도 개발제한구역인 예를 볼 수 있다. 자료 6-34를 보면 신해운대역 초역세권이지만, 역 뒤편은 자연녹지지역에 개발제한구역으로 실상 투자 가치가 없는 토지다.

자료 6-34. 개발제한구역_신해운대역 역세권

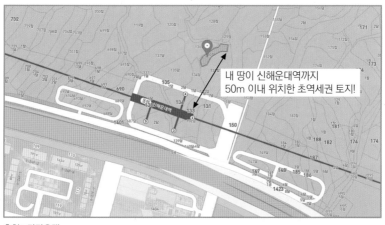

내 땅이 신해운대역까지
50m 이내 위치한 초역세권 토지!

출처 : 카카오맵

둘째, 도시자연공원구역은 제2의 개발제한구역으로 도시의 자연환경 및 경관을 보호하기 위해 정해진 구역이다. 시민들에게 건전한 여가, 휴식 공간을 제공하기 위해 지정한 것이다. 이 구역은 건축, 용도변경, 형질변경, 토지 분할, 물건적치 등이 불가하며, 등산로, 철봉 등 체력단련실 설치 및 휴양림, 수목원 등은 설치 가능하다.

셋째, 상수도보호구역은 상수원 확보와 수질 보전을 위해 필요하다고 인정되는 지역이다. 유해물질이나 오염으로부터 보호하며, 상수원에서 4~10km 떨어진 범위까지다. 물이 없으면 기본적인 일상생활이 안 되기에 오염행위는 엄격히 금지되고 있으며, 땅을 잘못 사서 수십 년 동안 개발이 제한된 사례도 많다. 예를 들어 대전광역시 대청댐 인근은 뷰가 좋은 빈 땅들이 많지만, 상수원보호구역으로 개발이 불가하다.

넷째, 하천구역은 하천의 물이 계속해서 흐르고 있는 토지 및 지형이다. 댐, 하구둑, 홍수조절지, 저류지 등을 하천구역으로 지정할 수 있다. 하천구역은 하천구역을 포함한 곳을 제외한 나머지는 신축이 가능하고, 건폐율 산정 시 하천구역을 제외한 나머지 면적에서 적용 가능하다. 하천구역을 지정할 경우 제방까지 포함하기 때문에 자료 6-35를 보면, 건축물은 하천과 제방을 지나서 지어진 것을 볼 수 있다.

자료 6-35. 하천구역

다섯째, 비오톱 1등급은 특정 식물과 동물이 생활공동체를 이루어 살아가는 생물 서식지다. 비오톱 1등급으로 지정된 토지는 무조건 보전해야 한다.

그 외 도로가 없는 맹지는 차가 내 땅까지 들어갈 수 있는 도로가 없으므로 건축이 불가하다. 또한, 도로와 교통에 대한 위험방지를 위해 도로경계로부터 일정 거리를 둔 접도구역도 건축이 불가하다. 도로 폭이 너무 좁거나, 상하수도가 없는 땅, 경사도가 높은 임야, 도로 위의 땅 등도 개발행위 기준을 넘어선 토지들로 안 좋은 땅이다.

자료 6-36. 접도구역

출처 : 카카오맵

06

토지 투자 성공 사례, 실패 사례

과거에는 지나가는 해안도로에 접해 있는 땅들은 방치되거나 양어장이 있는 등 토지의 활용 가치가 높지 않았다. 하지만 지금은 토지 투자 트렌드가 바뀌면서 해안가 영구조망이 있다면, 버려진 땅에 상업용 건물이 지어지고 있다.

자료 6-37의 토지는 부산시 기장군에 있는 토지로, 공시지가가 2012년 1월에는 402,000원이었고, 2016년 1월에는 629,300원으로 약 22만 원이 상승했다. 그러다가 상업용 건물이 지어진 이후로 2021년 1월에는 공시지가가 2,085,000원으로 급상승했다. 여기서 도보로 40분 거리의 일광역 역세권 토지는 공시지가가 1,133,000원인데, 역세권 땅값보다도 해안가 영구조망 땅값이 훨씬 높게 평가되는 것이다.

자료 6-37. 토지 투자 성공 사례_해안가 영구조망

트렌드가 바뀌면서 버려진 땅에 상업용 건물이 지어짐

출처 : 카카오맵

　이와 같은 예는 많이 볼 수 있는데, 이러한 투자 흐름을 타고 최근에는 해안가 라인에 펜션이나 커피숍 등이 다양하게 형성되고 있다.

　한편 정부 정책으로 인해 교량 철거 등으로 주변 환경이 바뀌면서 토지 시세가 오르는 경우도 있다. 부산 해운대구의 과선교는 고가도로로 차량이 지나다녔던 곳으로, 이 과선교로 인해 해당 지역의 땅값이 해운대구임에도 저렴했다. 과선교 주변에는 상권에 영향이 없는 철물점, 미용실, 방앗간 등이 존재했고, 입지는 좋지만 다리에 막혔다는 이유로 땅값이 항상 제자리였다. 과선교 근처의 한 모텔은 2011년 기준 평당 940만 원이었는데, 도시경관 향상 및 교통체계 개선으로 과선교가 철거된다는 발표(2015년)와 동시에 평당 2,000만 원에 거래됐다.

해운대 해리단길도 과거에는 철길로 단절되어 있어서 입지가 좋지 않았는데, 2013년 동해남부선이 복선화로 노선이 변경되면서 기존 노선은 폐지됐다. 그러면서 동해남부선 폐선 부지는 관광공원화 됐고, 철길로 막힌 길도 뚫렸다. 건물이 새롭게 신축되고, 상권이 형성되면서 해리단길 주변의 매매 호가 6억 7,000만 원이었던 주택은 22억 2,000만 원이 됐다. 이 땅의 공시지가도 2005년 1월 기준, 공시지가는 57만 원이었고, 2013년 1월은 공시지가 75만 원으로 9년간 18만 원이 상승했는데, 2021년 1월에는 3,013,000원으로 급상승했다.

합필로 인해 땅값이 상승한 경우도 있는데, 합필의 사전적 정의는 '토지를 합쳐서 갑이라는 한 필의 토지로 하는 일'이다. 자료 6-38처럼 2억 원 상당의 1번 토지 뒤에 2번 토지가 매물로 나왔다고 예상해보자. 아무래도 메인도로가 접한 1번 토지보다는 입지가 좋지 않아서 평당 시세가 낮아 총 매매금액은 1억 2,000만 원이었다. 그런데 1번 토지 소유자가 2번 토지를 사들인다고 가정하면, 접한 2필지 모두 소유주가 동일하고, 지목이 동일할 경우 합필이 가능하다. 1번 토지와 2번 토지의 땅값은 총 3억 2,000만 원인데, 합필 후 메인도로에 접한 땅이 됐기 때문에 2번 토지도 1번 토지와 같은 평당 200만 원의 시세가 됐다. 따라서 200평을 200만 원으로 곱하면 토지의 가격이 총 4억 원으로, 시세차익은 8,000만 원이 생긴 셈이다.

100평 X 평당200 = 2억 원

100평 X 평당120 = 1억 2,000만 원

1번+2번 = 땅값이 총 3억 2,000만 원

합필

합필 후 메인도로에 접한 땅이 되어서 평당 200만 원이 시세가 됨

200평 X 200만 원 = 4억 원

분할 : 3억 2,000만 원/합필 : 4억 원= 시세차익 약 8,000만 원

출처 : 카카오맵

다음의 자료 6-39와 같이 내 땅을 팔아 건물주가 된 사례도 있다. 이 토지의 소유주는 도로 전면을 길게 물고 있는 200평의 땅을 평당 100만 원으로 해서 총 2억 원에 매수했다. 10년이 흐른

뒤 주변에 많은 건물이 들어섰고, 어느 날 건축하는 사장이 소유주에게 와서 평당 800만 원을 줄 테니 100평만 팔라고 제안했다. 토지 소유주는 코너 땅을 가져갈지, 코너 옆의 땅을 가져갈지 고민했는데, 결론적으로는 코너 땅을 선택했다. 10년 전 2억 원에 샀던 토지는 10년 후 총 16억 원이 됐고, 토지 소유주는 평당 800만 원에 코너 옆의 땅 100평을 총 8억 원에 매도했다. 그리고 매도한 금액으로 코너에 건물을 지어 올리면서 토지의 가치를 더욱 올렸다. 이렇듯 미래 가치가 높은 입지의 도로에 길게 접해 있는 땅을 사는 것도 토지 투자 성공 비법 팁이다.

자료 6-39. 토지 투자 성공 사례_내 땅 팔아 건물주가 되다

출처 : 카카오맵

반면 토지 투자의 실패 사례도 있는데, 대표적으로는 기획 부동산 회사의 사기가 있다. 기획 부동산 회사의 사기 수법은 공유지분 투자로 하나의 필지(땅)를 원하는 평수만큼 나누어서 투자하는 방식이다. 한 필지, 즉 1개 주소의 땅에 주인이 여러 명이다. 아파트로 치면 모르는 사람들과 화장실, 주방, 베란다, 거실, 방을 같이 사용하고 있는 것이다. 지금도 여전히 기획 부동산 회사의 사기 수법에 당하는 사람들이 많으며, 송파구 가락동의 1필지는 땅 주인만 1만 2,780명이라는 최근 뉴스 기사도 있었다.

기획 부동산 회사는 부동산을 기획해서 이윤을 추구하기 때문에 출처가 불분명한 자료를 근거로 과대광고 및 TM 영업을 한다. 이들의 타깃은 토지에 대해서 전혀 모르는 사람, 5,000만 원 미만의 소액 투자를 원하는 사람, 어르신 및 가정주부, 나아가 기획 부

자료 6-40. 토지 투자 실패 사례_기획 부동산

출처 : 카카오맵

동산 직원들이 해당되기도 한다. 이들은 개발호재가 풍부한 지역의 외곽지역, 쓸모없이 무분별하게 분할된 토지, 산지(개발제한구역), 농지(농업진흥구역), 지분 등기 등을 판매한다.

설마 내가 사기를 당할까 싶지만 이런 경우는 상당히 많으니 내가 사야 할 토지는 개발호재와 입지 등을 정확히 분석해야 한다. 역세권 땅이라고 광고하는 땅도 실제로 가보면, 역사 뒤쪽으로는 출구가 없고, 경사도가 높은 임야여서 영원히 팔지 못하는 경우도 있다.

앞서 해안가 조망의 땅이 상업시설로 활용되면서 성공한 사례를 봤는데, 잘못된 판단으로 실패하는 경우도 있다. 남의 땅이 걸쳐져 있는지 모르고 샀다가 건물이 신축되면서 기존 바다 조망권

자료 6-41. 토지 투자 실패 사례_바다 조망권이 가린 사례

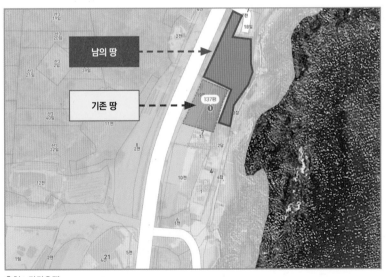

출처 : 카카오맵

출처 : 카카오맵

이 가려진 것이다. 항상 내 땅 앞에 조망권이 가릴 수 있는지 체크
하는 것이 중요하다.

　많은 사람들이 '10년 전에 강남 땅 살걸' 하고 후회하지만, 현재
의 부자들은 남보다 열심히 돈을 모으고, 부동산이나 주식 투자
를 누구보다 먼저 공부한 사람들이다. 누구에게나 찾아오는 좋은
기회나 행운은 티끌만큼의 차이가 큰 차이를 만든다. 티끌을 조
금이라도 모아놓은 사람, 조금 더 벌고 조금 더 지혜롭게 아껴 무
언가를 할 수 있는 준비가 되어 있는 사람이 기회와 행운을 자신
의 것으로 만든다. 토지를 공부하고, 투자해야 할 이유가 바로 여
기에 있다.

부린이 탈출을 위한
부동산 투자 입문서

제1판 1쇄 2022년 7월 29일
제1판 2쇄 2023년 5월 10일

지은이 고경민 외 5인
펴낸이 최경선 **펴낸곳** 매경출판㈜
기획제작 ㈜두드림미디어
책임편집 배성분 **디자인** 디자인 뜰채 apexmino@hanmail.net
마케팅 김성현, 한동우, 구민지

매경출판㈜
등 록 2003년 4월 24일(No. 2-3759)
주 소 (04557) 서울시 중구 충무로 2(필동 1가) 매일경제 별관 2층 매경출판㈜
홈페이지 www.mkbook.co.kr
전 화 02)333-3577
이메일 dodreamedia@naver.com(원고 투고 및 출판 관련 문의)
인쇄·제본 ㈜M-print 031)8071-0961
ISBN 979-11-6484-401-2 (03320)

부동산 도서 목록

지식산업센터 투자 실전 편
**부동산 투자,
아파트형
공장이
틈새다**

2일 만에 월세 200만 원 받는
**월세 부자
레시피**
이제 당신도 부자가 될 수 있다!

직장인들도
쉽게 따라할 수 있는
新 **부동산 공매
가이드북**
실전만

양도·증여·상속의 모든 것
기막힌
**부동산
절세의
비밀**
생활 속의 세금 상식을 담은
절세 필독서

경매와 NPL, 투자자의 자산까지 꼭 알아야 하는
**부동산
매매임대사업자
세무
가이드북**
Real estate
Business
Tax
Guide Book
실전편

**나는
부동산 투자로
파산자에서
100억 부자가
되었다**

경매하기 싫은 경매 투자자들의 신세계
**지분경매,
공유지분,
독점경매**
남들과 경쟁하기 싫고,
혼자 전부 독식하고 싶다!

임찰에서 취득까지, 배당에서 명도까지
부동산 경매의 모든 것
**이것이 진짜
성공 경매다**

부동산 전문 아나운서의 재테크 실전팁
**결혼은 선택이지만
부동산
투자는
필수다**

수익형 부동산 건축과 재테크 투자 비법
**헌집 살래
새집 살래**
건축물에 올리면
일자 부동산이 판드에 보인다!

**부자되는
주택
임대사업**
이제 대세는 수익형 부동산이다
평생 큰 격정 없이 사는 월세 부자 되기

**돈 버는
공인중개사는
따로 있다**

부동산 정책 분석
**시장을 이기는
정책은 없다**
부동산 정책을 알면 시장이 보인다!

**전세가를 알면
부동산 투자
가 보인다**
시장 심리를 파악하면, 투자 흐름이 보인다!

서울시 공정경제과
주무관이 알려주는
**부동산
거래와
판례**

**스타들의
부동산
재테크**
스타가 좋아하는
부동산은 따로 있다?

**지분 경매로
토지 개발업자 되기**

부동산 재테크
**역세권이
답이다**

세무사 3명이 알려주는
**세무조사
대비의 모든 것**

향후 5년 부동산 정책 핵심 공약
**문재인 시대
부동산 트렌드**

주택 연출가
무조건 따라하기

리츠
얼리어답터

신의 한 수
금맥
경매

주택
아파트
세무 가이드북
실전편

권리분석
완전정복으로
10년 안에
10억 벌기

대한민국을
움직이는
땅 투자 법칙 100

땅투자
10단계 절대불변의 법칙

돈의 보감
평범한 샐러리맨, 투잡 경매로
5년에 10억 벌다

나는 갭 투자로
300채 집주인이
되었다

토지
세무
가이드북
실전편

新 상가
투자
보물
찾기

상가
세무
가이드북
실전편

NPL
가격 산정의 비밀

응답하라!!
위기의
부동산

나는
토지 경매로
금맥을 캔다

토지보상경매
실전활용

세무조사
실무
가이드북
실전편

야생화의
기초 경매

자산을
키우는
포인트 경매

국토도시계획을 알아야
부동산 투자가 보인다

https://cafe.naver.
com/dodreamedia

두드림미디어
경매·경명, 재테크, 자기계발, 실용서 전문 출판 임프린트

가치 있는 콘텐츠와 사람
꿈꾸던 미래와 현재를 잇는 통로

Tel : 02-333-3577
E-mail : dodreamedia@naver.com